벽고 시조집

두문동 칠십이인보
杜門洞 七十二人譜

벽고 장대열 지음

머리말

2007년도에 개인 시조집 <두문동 문을 열다>를 펴내고, 준비해 둔 자료들을 모아서 또 한 권의 시조집을 엮었습니다. 혼자서 간직하는 것보다는, 함께 공유하면서 생각을 나누는 것이 더 좋을 것 같다는 생각입니다.

무자년에 우리는 변화하는 소용돌이의 역사속에서, 우리가 할 일은 무엇이며, 무엇을 생각할 것인가에 대하여 거듭 생각하게 되었습니다. 경제, 복지, 보수, 진보, 안정, 허위, 통일, 분배, 건설, 창조, 화합 등의 단어가 난무했지만 철학이나 정신, 정체성(正體性)의 외침은 찾을 수 없었습니다.

한가락 모임 회원들과 선생님께 감사드립니다. 앞으로도 함께 활동하고 싶습니다. 글을 살펴서 반성의 틀을 마련해주신 벽사(碧史) 장선희 박사님과, 두 번째의 책을 엮어주신 다운샘 김영환 사장님께 감사드립니다.

2008. 4. 29
장대열(張大烈)

추천사

적극적 포용을 위한 고전의 되새김
-벽고(碧皐) 장대열님의 시조집 발간을 축하드리며-

벽사(碧史) 장선희*
광주보건대학 교수, 문학박사

정해년(丁亥年)에 <두문동 문을 열다>라는 시조집을 불쑥 내밀었을 때에는 별다른 느낌이 없었습니다. 그런데 지금 두 번째 시조집인 <두문동 칠십이인보(杜門洞 七十二人譜)>를 발간하면서 서평을 적어달라는 부탁을 받고 보니, 정해년(丁亥年)이 벽고의 환갑이었습니다. 벽고는 인생의 마루에서 어떤 매듭을 생각하고 있었습니다.

벽고 장대열님은 나의 오라버니가 되십니다. 한 집에서, 한 부모 밑에서 자랄 때는 서로에 대해 모든 것을 아는 것 같았으나, 삶의 터전이 달라지고, 각각 솔가를 하면서부터는 서로의 삶과 활동에 대해 소원하게 되었습니다.

벽고가 한가락 시조모임에 참여하고, 매달 고려 말 충신들의 자취를 좇아 곳곳을 탐방하는 것은 알았으나, 그 발걸음이 어떠한 것인

---

* 갑오년(甲午年) 전북 김제 생. 전남대학교 국어국문학 문학 박사.
  현재 광주보건대학 교양담당 교수. 중앙도서관장.
  저서 및 논문 : 호남문학 기행, 마인드맵을 활용한 재미있는 글쓰기 외 논문 다수.

지, 그 감회가 어떠한 것인지에 대해서는 내심 자세히 알지 못하였습니다. 벽고가 펴낸 시조집을 다시 읽으면서, 이제야 벽고의 노력과 추구하는 삶에 대해 알 것 같습니다. 솔바람같은 서늘한 삶과 옛 현자들과의 교감을 통해 벽고가 추구한 것들의 한 자락을 엿본 듯 합니다.

벽고의 시들을 읽으면서 알면서도 모른척하였거나, 정말로 모르고 있었던 것들을 깨닫게 되었습니다. 벽고의 시 속에는 우아하고 포용성이 있는 진정한 고전, 또는 정체성이 생동하고 있었습니다. 고전이나 정체성은 융통성이 없고 적극적이지 못하며, 현대와 조화를 이루지 못한다고 생각합니다. 그러나 벽고의 시조는 이런 편견을 잘 넘어서고 있습니다. 고유한 자기의 모습을 바르게 유지하고 활용하는 것은 매우 아름답고 마땅한 것입니다. 이것이야말로 나 아닌 다른 것들과의 건강한 조화와 적극적인 포용을 위한 바탕이 되는 것입니다. 진정한 고전이야말로 시간과 공간을 넘어서고, 다른 형식과 함께 존재하면서 조화를 이룰 것입니다.

벽고의 시조들에는 당연한 내용들이 특성화되어 나타나는 것을 볼 수 있습니다.

먼저, 벽고의 시조들은 형식면에서 우리의 정통적인 시조의 형식을 흐트러짐없이 지키고 있습니다. 이것은 벽고가 구태의연한 시조의 형식에 얽매인 것이 아니라, 시조의 구조와 독창성을 꿰뚫고 있는데서 획득한 질서의식입니다. 벽고의 시조가 음수율과 음보율을 고집스럽게 지키면서도 아름다운 서정성을 간직하는 것은 그의 시조가 이미 정형 안에서의 자유로움을 획득하였음을 보여줍니다. 이렇게 정형의 틀을 지키려는 노력은 모든 시조에서 글자의 잣수를 하나의 가감도 없이 꼭 지키고 있는 것으로 알 수 있습니다. 곧 정형

속에서의 고요한 자유입니다.

　다음으로는 억척스럽게도 우리 낱말을 찾고, 쓰는 것입니다. 이것은 현대어나 수사적 표현보다는, 우리 말에 대한 애착과 소중함을 깨닫고 있다는 것입니다. 심지어는 상용화되어 사용되는 낱말까지도 한글로 풀어쓰고 있는 것은 우리 말의 지킴과 확장을 위한 노력이라고 할 수 있습니다. 약간 낯설지만 지역이나 재실 이름, 또는 대상자의 호를 풀어서 시어로 표현하려고 합니다. 이런 노력은 현대와의 조화를 위한 시도라고 보여집니다.

　벽고의 시조들은 주제면에서 한결같은 내용이었습니다. 개인적인 정서나, 자연 경관에 대한 감탄, 새로운 표현에 대한 실험보다는, 사람이 모름지기 간직하고 지켜야 할 절개와 의리, 그리고 진정한 삶의 방향에 대한 탐구와 깨달음입니다. 이런 노력은 벽고의 시 세계를 편벽되게 할 수도 있습니다. 아마도 벽고는, 이 길은 내가 갈 길이고, 다른 시의 세계는 다른 사람의 몫으로 여기는 것 같습니다. 이런 것도 고전에 대한 진정한 침잠이요, 또 다른 시 세계에 대한 너그러운 허용이라고 생각합니다.

　벽고의 시에는, 시가 가지는 호소력과 생명력을 위하여, 역사의 현장을 직접 찾아서 체험한다는 것입니다. 무려 20여년 동안 인물 자료와 현장을 찾고 있다는 것은 한가락 동인들의 힘일 것입니다. 역사적 사실에서 시의 소재를 찾는다는 것은 당연하면서도 특별한 발상입니다. 역사적 사실은 과거가 아니라 현재의 연장선이며 거울입니다. 그래서 과거를 올바로 안다는 것과, 알려고 하는 것은, 현실을 올바로 살펴서 바른 길을 걸어가려는 의지일 것입니다. 특히 세계화되는 현대에서 자기의 본 모습을 올바로 안다는 것은, 커다란 힘이요 독창적 창조의 바탕이 될 것입니다.

<두문동 칠십이인보(杜門洞 七十二人譜)>는 일흔두 수가 모여서 한 권의 시조집이 되었지만, 한 수의 시조나 한 권의 시조집이나 한결같은 모습으로 일관되게 꾸며져 있습니다. 아마 우리들의 마음 깊은 곳에 벽고가 찾아다닌 현인들의 얼과 삶이 흘러내리고 있었는지도 모릅니다. 다만, 지나치게 현세적이며 세속적인 우리의 생활이 그분들이 가르치고 요구하는 추상같은 삶을 애써 외면해 왔다고, 이 글을 쓰는 저도 깨닫고 있습니다. 이것이 벽고의 시조와 시조집이 의도하는 겸손한 바램이 아닐까 생각합니다.

옛 날의 현인들은, 자신들의 서릿발같은 삶이 알려지기를 바라는 마음은 없었겠지만, 수백 년이 지난 지금에도 그 분들의 삶을 기리며, 찾는 이들이 있다는 것은 선인들에게나 현대인들에게나 커다란 자랑이 될 것입니다.

두 번째 시조집을 내시면서 벽고 오라버니가 추구하는 고전으로의 여행은 계속될 것입니다.

잊혀진 영웅들을 불러 일으켜 새로운 옷을 입혀 세상에 알리는 오라버니의 발걸음이 보다 많은 사람들에게 공감되고 역사의 한 기둥을 밝히는 실마리가 되기를 소원해 봅니다.

더욱 무르익고, 곰삭아진 오라버니의 시들이 계속 이어지기를 기대합니다.

무자년 청명 후에
광주보건대학 중앙도서관 서실에서

차 례

- 머리말 · 3
- 추천사 · 5

인천광역시 · 경기도

하나	서운재(書雲齋)	김수(金綏)	14
둘	모선재(慕先齋)	김윤남(金允南)	16
셋	고송정(枯松亭)	김충주(金忠柱)	18
넷	충모재(忠慕齋)	남을진(南乙珍)	20
다섯	도산재(陶山齋)	박가흥(朴可興)	22
여섯	송헌묘(松軒墓)	설풍(薛馮)	24
일곱	모선재(慕先齋)	원선(元宣)	26
여덟	무안재(務安齋)	유천(兪蔵)	28
아홉	명인각(明禋閣)	유혜손(柳惠孫)	30
열	분수재(汾水齋)	윤관(尹瓘)	32
열하나	숭모재(崇慕齋)	은신윤(殷莘尹)	34
열둘	남곡재(南谷齋)	이석지(李釋之)	36
열셋	고덕재(高德齋)	이양중(李養中)	38
열넷	구성재(駒城齋)	이중인(李中仁)	40
열다섯	송산묘(松山墓)	조견(趙狷)	42
열여섯	문헌서원(文憲書院)	최안택(崔安澤)	44
열일곱	두산재(斗山齋)	허유전(許有全)	46

충청북도

열여덟	세심정(洗心亭)	남지언(南知言)	50

열아홉	화원재(花園齋)	석여명(石汝明) ········ 52
스물	육현사(六賢祠)	신덕린(申德隣) ········ 54
스물하나	만경정(萬景亭)	윤사석(尹師晳) ········ 56
스물둘	동고정(東皐亭)	이영길(李英吉) ········ 58
스물셋	충효재(忠孝齋)	이의석(李義碩) ········ 60
스물넷	피세정(避世亭)	조신(趙紳) ············ 62

충청남도

스물다섯	송곡사(松谷祠)	유방택(柳方澤) ········ 66
스물여섯	충간묘(忠簡墓)	윤황(尹煌) ············ 68
스물일곱	명탄서원(鳴灘書院)	이명성(李明誠) ········ 70
스물여덟	정승묘(政丞墓)	임향(任向) ············ 72
스물아홉	영모재(永慕齋)	지용기(池湧奇) ········ 74

전라북도

서른	반곡서원(泮谷書院)	국유(鞠襦) ············ 78
서른하나	취석정(醉石亭)	김경희(金景熹) ········ 80
서른둘	숭의재(崇義齋)	백장(白莊) ············ 82
서른셋	수선루(睡仙樓)	송진유(宋眞儒) ········ 84
서른넷	귀래정(歸來亭)	신말주(申末舟) ········ 86
서른다섯	영모정(永慕亭)	신의련(愼義連) ········ 88
서른여섯	향보재(享保齋)	양우(梁祐) ············ 90
서른일곱	금남재(錦南齋)	오상덕(吳尙德) ········ 92
서른여덟	강창각(江昌閣)	전문식(全文軾) ········ 94
서른아홉	미남재(嵋南齋)	조영(趙瑛) ············ 96

광주광역시 · 전라남도

마흔	여일재(麗日齋)	공은(孔隱)	100
마흔하나	영모재(永慕齋)	김칠양(金七陽)	102
마흔둘	일신재(日新齋)	노준공(盧俊恭)	104
마흔셋	충경서원(忠敬書院)	염치중(廉致中)	106
마흔넷	송월사(松月祠)	임선미(林先味)	108
마흔다섯	영모재(永慕齋)	정광(程廣)	110
마흔여섯	화담사(花潭祠)	정희(鄭熙)	112

대구광역시 · 경상북도

마흔일곱	초간정(草澗亭)	권문해(權文海)	116
마흔여덟	영귀정(詠歸亭)	김광수(金光粹)	118
마흔아홉	하송재(下松齋)	김기(金起)	120
쉰	남하정(南下亭)	김저(金佇)	122
쉰하나	봉정재(鳳停齋)	신득청(申得淸)	124
쉰둘	와선정(臥仙亭)	심장세(沈長世)	126
쉰셋	삼영정(三詠亭)	유한정(柳漢禎)	128
쉰넷	천운당(天雲堂)	이만부(李萬敷)	130
쉰다섯	도은재(陶隱齋)	이숭인(李崇仁)	132
쉰여섯	매국정(梅菊亭)	이조년(李兆年)	135
쉰일곱	숭의재(崇義齋)	이존인(李存仁)	137
쉰여덟	월송정(越松亭)	이행(李行)	139
쉰아홉	숭의재(崇義齋)	장보지(張輔之)	142
예순	옥계서원(玉溪書院)	장안세(張安世)	144
예순하나	여차정(如此亭)	장학(張泉)	146
예순둘	무우정(舞雩亭)	채귀하(蔡貴河)	148

| 예순셋 | 척서정(陟西亭) | 홍노(洪魯) ············· 150 |
| 예순넷 | 매학정(梅鶴亭) | 황기로(黃耆老) ········ 152 |

경상남도

예순다섯	용강서사(龍岡書祠)	박추(朴諏) ············· 156
예순여섯	맥산재(麥山齋)	성인보(成仁輔) ········ 158
예순일곱	거연정(居然亭)	전시서(全時敍) ········ 160
예순여덟	심원정(心源亭)	전춘원(全春源) ········ 162
예순아홉	심원정(尋源亭)	정지영(鄭芝榮) ········ 164
일흔	청계서원(淸溪書院)	정천익(鄭天益) ········ 166
일흔하나	망송재(望松齋)	한철충(韓哲沖) ········ 168
일흔둘	도연서원(道淵書院)	허기(許麒) ············· 170

• 찾아보기
 · 이름 가나다순 · 173
 · 재실 가나다순 · 175

인천광역시·경기도 편

서운재(書雲齋)	김수(金綏)
모선재(慕先齋)	김윤남(金允南)
고송정(枯松亭)	김충주(金忠柱)
충모재(忠慕齋)	남을진(南乙珍)
도산재(陶山齋)	박가흥(朴可興)
송헌묘(松軒墓)	설풍(薛馮)
모선재(慕先齋)	원선(元宣)
무안재(務安齋)	유천(兪蕆)
명인각(明禋閣)	유혜손(柳惠孫)
분수재(汾水齋)	윤관(尹瓘)
숭모재(崇慕齋)	은신윤(殷莘尹)
남곡재(南谷齋)	이석지(李釋之)
고덕재(高德齋)	이양중(李養中)
구성재(駒城齋)	이중인(李中仁)
송산묘(松山墓)	조견(趙狷)
문헌서원(文憲書院)	최안택(崔安澤)
두산재(斗山齋)	허유전(許有全)

하나. 서운재(書雲齋)

날리는 늦 눈발에
솟을 집 넘나들며

샛바람 살랑 불 때
임 소식 실려 올까

처마끝 풍경소리가
감아돌고 맴돌고

1. 김수(金綏)
- 태어나고 돌아가신 때를 잘 알지 못한다. 고려말(高麗末)에 서운관정(書雲觀正) 벼슬에 있었으며, 고려의 국운을 근심하고 간성왕(干城王 - 공민왕)의 안부를 걱정하다가 세상을 떠났다.
- 별칭은 벼슬이름을 사용한다. 본관(本貫)은 안동(安東)이고, 고려 중기에 대마도와 탐라(지금의 제주도)를 점령한 대장군 김방경(金方慶)의 후손이다.
- 김수(金綏)는 음직(蔭職)으로 산원(散員) 벼슬에 나아가서 서운관정(書雲觀正)에 올랐다.
- 임신년(壬申年)에 공양왕이 유배지 원주에서 간성(干城)으로 옮긴다는 소식을 듣고, 동자를 데리고 간성(干城)으로 향하다가, 병을 얻어 집에 돌아온 후에 식음(食飮)을 폐하고 세상을 떠났다.

- 풍경소리 : 처마끝에 다는 작은 종모양의 경쇠.
- 샛바람 : 동쪽에서 불어오는 바람, 간성(干城)에서 오는 임금 소식.
- 참고자료 : 한가락 시조집 16권(2006년).

- 야은(冶隱) 길재(吉再)와 친분이 돈독하여, 야은(冶隱)이 선산으로 낙향할 때 지은 송별시(送別詩)가 전한다.

　　춘풍미궐대군향(春風薇蕨待君香)　　차거오산즉수양(此去烏山卽首陽)
　　고국유신여백발(古國遺臣餘白髮)　　부전무책괴충량(扶顚無策愧忠良)

2. 서운재(書雲齋)

- 서운재(書雲齋)는 경기도(京畿道) 의왕시(義王市) 포일동(浦一洞)에 있으며, 2002년 김수(金綏)를 추모하기 위하여 세운 재실이다. 산소는 실전(失傳)하여 단(壇)을 만들었다.
- 솟을삼문에는 광곡재실(廣谷齋室)이라는 현판이 있고, 새 집이어서 단청 장식이 잘 되어있다. 서운재(書雲齋)는 정면 3칸, 측면 3칸으로 팔작기와지붕이며, 강의실과 부속실로 꾸며졌다.
- 서운재(書雲齋) 뒤편 언덕으로는 서울 순환외곽도로가 지나고 있는데, 그 도로 밑을 통과하면, 작은 비석에 고려유신(高麗遺臣) 여와(麗窩), 또는 죽송오(竹松塢)를 호(號)로 쓰는 서견(徐甄)의 산소가 있다. 김수(金綏)의 아들 김질(金晊)이 서견(徐甄)의 딸에게 장가들었는데, 서견(徐甄)의 후손이 없어서 지금까지 안동(安東) 김씨(金氏) 문중에서 외손봉사를 하고 있다.

서운재(書雲齋)

둘. 모선재(慕先齋)

외길만 걷고 걸어
머물던 오리골에

하이얀 해오라비
보일 듯 보일 듯이

내 건너 솔고을인데
닫지 못할 걸음아

1. 김윤남(金允南)
- 태어나고 돌아가신 때를 잘 알지 못한다. 고려말의 충신이요, 곧은 마음을 지켜서 국사를 부흥시키려던 충직한 신하였다.
- 호(號)는 기록이 없고, 다만 낭천(지금의 화천) 감무(監務) 벼슬이었기에 감무공(監務公)으로 호칭된다. 본관은 강릉(江陵)이다.
- 경학(經學)에 잠심(潛心)하여 예의(禮儀)와 덕(德)을 중시하였고, 나라의 장래를 심히 걱정하였다. 낭천감무(狼川監務)를 역임할 때 간신들이 국사를 어지럽히자, 장포(長浦)로 낙향하였다.
- 임신변역(壬申變易)을 당하여, 매월 삭망(朔望,초하루와 보름)에 산에 올라 송도를 향하여 통곡하니, 그 봉우리를 국사봉(國思峰)이라 불렀다.

- 오리골 : 능산리의 옛 이름.
- 내 : 능산리 앞에 있는 임진강과 한강.
- 솔고을 : 송도(松都). 지금의 개성.
- 참고자료 : 한가락 시조집 11권(2001년). 여말충의열전(麗末忠義列傳. 1994).

2. 모선재(慕先齋)

- 모선재는 경기도 파주시 월롱면 능산리에 있으며 김윤남(金允南)의 충절을 추모하는 곳이다. 정면과 측면이 각각 2칸으로 되었으며, 모두가 방으로 꾸며졌다. 재실 입구에 아름드리 정자나무가 서 있다.
- 산소는 문산읍 내포리에 있으며, 오래된 동자상이 있고, 우뚝한 비석이 서 있다.
- 김윤남(金允南)의 5대 손이며 휴암(休菴)에게서 배워 선조 때에 도승지가 되었고, 임금으로부터 동방상걸필(東方上傑筆)의 칭호를 받은 청백리 장포(長浦) 김행(金行)의 산소가 바로 옆에 있다. 또한 장포(長浦)의 영당(影堂)이 있는데, 전신상으로 6백년을 지나온 것으로 지방 문화재로 지정되었다.
- 김윤남(金允南)의 아우인 김양남(金揚南)도 지평(持平) 벼슬이었는데, 함께 벼슬을 버리고 양주 영근면 은대리에서 일로정(逸老亭)을 세우고 살았다. 일로정 근처의 바위에 학이 살다가 김양남(金揚南)이 죽자, 울고 날아갔다는 이야기가 있다.
- 고려왕과 충신, 공신의 위패를 모시는 통일전(가칭임)을 오두산 근처에 세우고 있다. 지금은 충신각, 공신각의 두 채가 완성단계에 있고, 본전 공사가 설계되고 있다. 모두가 고려 양식을 따르고 있단다.

모선재(慕先齋)

셋. 고송정(枯松亭)

솔바위 올라서면
애달픈 어린 임금

헤어진 언니 생각
눈물이 흘러흘러

소나무 마른 자리에
내음솔이 향긋다

1. 김충주(金忠柱)
- 태어나고 돌아가신 때를 알지 못한다. 조선조 세조(世祖) 때에 이조판서(吏曹判書)를 지낸 백촌(白村) 김문기(金文起)의 손자이다.
- 휘(諱)는 충주(忠柱)이고, 호(號)는 탄옹(炭翁)이며, 본관은 금녕(金寧)이다.
- 사육신(死六臣)은 조선조 집현전 학사들로 세종의 신임을 받고, 문종에게서 나이 어린 세자(단종)을 잘 보필하여 달라는 고명(顧命)을 받은 사람들 가운데 단종복위를 주장하다 처형당한 충신들이다. 성삼문(成三問), 박팽년(朴彭年), 하위지(河緯地), 이개(李塏), 유성원(柳誠源), 유응부(兪應孚), 김문기(金文起) 등을 말한다.
- 할아버지 백촌(白村) 김문기(金文起)와 아버지 여병(如甁) 김현석(金玄錫)이 화를 당하고, 자손들을 노예로 삼고자하니, 형 김충립(金忠立)이 동생 김충주(金忠柱)를 데리고 지방으로 도망을 가다가 지금의 점촌에서 서로 헤어졌다. 그 후로는 형제는 만나지 못했다.

- 솔바위 : 고송암(枯松岩)의 우리말로 풀어씀.
- 내음솔 : 향나무를 우리말로 풀어씀.
- 참고자료 : 한가락 시조집 5권(1995년).

• 김충주(金忠柱)는 북쪽으로 피하여 태백산(太白山) 두곡(杜谷)에 숨었는데, 사람들이 의심하여, 지금의 경기도 안산(安山)에 있는 마하산(麻霞山)에서 삿갓을 쓰고 숯을 구워서 생활하였다.
• 이렇게 불행한 세상을 살면서 매월 삭망(朔望)이 되면 산봉우리에 올라 동쪽 영월을 보고 슬피 울며 절하였다. 그래서 사람들이 망월암(望越岩) 또는 고송암(枯松岩)이라고 부른다.
• 조부모와 어버이, 형이 그리울 때는 소나무 밑에서 눈물을 흘려 소나무가 말라 죽었다고 한다. 그래서 정자 이름이 고송정(枯松亭)이다. 9세손 송암(松岩)이 세웠다고 한다.

2. 고송정(枯松亭)

• 고송정(枯松亭)은 경기도 시흥시 화정동에 있으며, 김충주(金忠柱)를 추모하는 곳이다. 정면 2칸, 측면 2칸으로 공포형식으로 팔작기와지붕의 형태이며, 주춧돌 위에 기둥을 올렸다. 주위에 연못과 소나무숲, 그리고 향나무가 우람하다.
• 김문기(金文起)와 그의 아들은 임금을 위해 충절을 지키다가 돌아가셨고, 김충주(金忠柱)와 그의 아들과 손자는 효(孝)를 실행하여 다른 사람의 모범이 되어서, 5대 충효문(五代忠孝門) 혹은 5정각(五旌閣)이라 부른다.

고송정(枯松亭)

넷. 충모재(忠慕齋)

멧새도　머뭇대는
높드리　뫼검부리

가슴을　불 태워서
어둠을　밝힌 촛불

오늘은　맘이 겨운가
머리 풀고　반긴다

1. 남을진(南乙珍)
• 고려 충혜왕(忠惠王) 원년(辛未, 1330)에 태어나서, 신조정 2년(癸酉, 1393)에 돌아가셨으니 향년이 63세였다. 고려말의 충신이며, 신조정이 일어난 후에는 감악산(甘嶽山) 봉우리 아래에 있는 조그마한 석굴인 남선굴(南仙窟)에서 1년여를 살다가 세상을 떠났다.
• 호를 병재(丙齋), 사천(沙川), 곡은(谷隱)이라하고, 시호(諡號)는 문안(文安)이고, 본관은 의령(宜寧)이다. 공민왕 때에(1368) 현량과(賢良科)에 장원급제한 후에 벼슬이 정헌대부 참지문하부사(靖憲大夫 參知門下府事)에 올랐다.
• 남을진(南乙珍)은 송도(松都) 좌경동(佐卿洞)에서 태어났고, 곧고 강직한 성품을 지녔다. 포은(圃隱) 정몽주(鄭夢周), 야은(冶隱) 길재(吉再), 송헌(松軒) 이성계(李成桂) 등과 교분이 있었다.
• 여말선초(麗末鮮初)에 운곡(耘谷) 원천석(元天錫)이 원주 치악산(雉岳山)

• 뫼검부리 : 감악산(甘嶽山)의 우리말 단어. 신이 살고 있는 산.
• 참고자료 : 한가락 시조집 11권(2001년). 여말충의열전(麗末忠義列傳. 1994).

정상에 고려의 종사(宗祀)를 잇는 변혁사(變革祠)에 함께 하였다.

2. 충모재(忠慕齋)

• 충모재(忠慕齋)는 경기도 양주시 은현면 봉암리에 있으며, 남을진(南乙珍)을 추모하는 곳이다. 정면 5칸, 측면 2칸으로 정면 3칸은 회의실로 되어 있다. 바로 옆 언덕 너머에 정절사(靖節祠)가 있다.

• 산소는 충모재(忠慕齋) 앞 언덕에 있으며, 원분(圓墳)이고, 선비석, 사자석이 있다. 신도비(神道碑)는 팔작지붕의 옥개와 장방형의 비좌를 갖추었고, 헌종 7년(1841)에 건립되었다. 향토유적 제2호로 지정되었다. 새로 건립된 신도비는 1989년에 세웠다. 옛 비석의 비문은 조인영(趙寅永)이 짓고, 송상래(宋祥來)가 글씨와 두전(頭篆)을 썼다.

• 그 굴 위에 머리를 풀어헤친 조그마한 좌상이 있고, 그 석상 뒤에 석판이 있었고 석판에는 다음과 같은 한시가 음각되었다고 한다.

현문독립노성군(玄門獨立老聖君) 수중포일대도존(守中抱一大道尊)
작제왕산만고존(作帝王山萬古存) 목자개기건등신(木子開基建等身)
　　　　　　　　　　　　　　　　　　成化戊子月在身

• 세보(世譜)에 남을진(南乙珍)의 절개를 담은 시가 전한다.

서산절의태산중(西山節義泰山重) 공여달가지차리(公與達可知此理)
어찰난회금석조(御札難回金石操) 청풍름름감악리(清風凜凜紺嶽裡)

충모재(忠慕齋)

다섯. 도산재(陶山齋)

뫼 너머 골짜기에
봄 햇살 서성대다

또렷한 네모 무덤
어르듯 어우르듯

더러움 멀리하면서
가야할 길 따른다

1. 박가흥(朴可興)
• 충목왕(忠穆王) 정해(丁亥, 1347)에 태어나고, 신조정 세종 9년 정미(丁未,1427)에 돌아가셨으니 향년(享年) 81세이다. 고려말(高麗末) 혼탁한 정변에 여러 번 옥고와 귀양살이를 하였으며, 임신변혁(壬申變革)에 불사이군(不事二君)의 뜻을 굽히지 않았다.
• 휘(諱)가 가흥(可興)이고, 자(字)는 안중(安中)이며, 시호(諡號)는 정후(靖厚)이다.
• 고려 말엽에 음직(蔭職)으로 산원(散員)에 보임(補任)되어 전법판서(典法判書), 군부판서(軍簿判書) 등을 역임하였다.
• 간성왕 2년(干城王, 1390년)에 명나라에 사신으로 다녀온 조반(趙胖)의 보고(報告)로, 여흥왕 복위(復位)에 얽힌, 윤이(尹彝), 이초(李初)의 옥사(獄事)에 연루되어 목은(牧隱) 이색(李穡) 등 30여명이 투옥되었다.(彝初獄事라고함) 이 때 감옥을 탈옥한 원수(元帥) 김종연(金宗衍)이 박가흥(朴可興)의 집에서 서로 모여 이성계(李成桂) 제거를 모의하였는데, 함께 참석한 서경천호(西京千戶) 윤귀택(尹龜澤)의 밀고로 발각되어 목숨을 잃게 되었

• 네모 무덤 : 고려(高麗) 때의 무덤 모양.
• 참고자료 : 한가락 시조집 16권(2006년). 여말충의열전(麗末忠義列傳. 1994).

을 때, 포은(圃隱) 정몽주(鄭夢周)의 변론으로 유배에 그쳤다.

2. 도산재(陶山齋)

• 도산재(陶山齋)는 경기도(京畿道) 남양주시(南陽州市) 와부읍(瓦阜邑) 도곡리(陶谷里)에 있으며, 박가흥(朴可興)을 배향하는 재실이다.

• 도곡리(陶谷里) 금대산(金臺山)에는 순천(順天) 박씨(朴氏) 문중 산이 있다. 여기에 박가흥(朴可興)의 산소가 있는데, 열두 자 정도의 선비상이 양쪽에서 호위하고 있으며, 네모난 산소는 잘 보존되어 있다.

• 조금 떨어진 곳에 후손인, 조선 중종조 박원종(朴元宗)의 산소가 있는데, 그 비석은 경기도 기념물 170호로, 비석의 앞면 상단 이수에 삼족오(三足烏)의 문양과, 뒤에는 달과 토끼의 문양이 하얀 대리석에 조각되었다. 이것은 임금이 하사하는 문양으로 지금까지 알려진 것으로는 이곳 밖에는 없다고 한다.

• 삼족오(三足烏)는 고대로부터 우리 민족의 태양정신(太陽精神)을 상징하는 문양(文樣)으로, 단군, 고조선, 고구려, 발해, 고려, 조선 등의 이름이 "밝은 태양"이라는 뜻으로 사용되고 있다.

• 호(號)나 시호를 내려줄 때에는 글자의 뜻을 밝혀서 알려 준다. 박가흥(朴可興)의 시호인 정후(靖厚)의 뜻은, 정(靖)은 너그럽고 즐거운 마음으로 고종명(考終命)한 것을 뜻하고, 후(厚)는 생각이 틀리지 않고 곧은 길을 가는 것을 나타내고 있다. (諡議曰今樂終命靖 思慮不爽厚)

도산재(陶山齋)

여섯. 송헌묘(松軒墓)

아끼던 한 마디 말
가슴에 품었다가

가얏고 열두 줄에
서럽게 실었더니

버들 잎 푸른 손짓에
설레이는 마음아

1. 설풍(薛馮)
• 태어나고 돌아가신 때를 알지 못한다. 또한 개인적인 기록을 거의 볼 수 없다는 것이 애석하다. 설풍(薛馮)은 고려말의 충신으로, 나라의 권력이 간신들의 작당놀이에 휘둘러지는 모습을 보고 크게 개탄하였으며, 정치를 고치기 위하여 여러 번 개혁을 건의하였으나 이루어지지 않아서, 경기도 죽산으로 낙향한 절개(節介)가 곧은 선비였다.
• 호는 송헌(松軒)이고, 본관은 경주(慶州)이다.
• 설풍(薛馮)의 시조(始祖)는 설총(薛聰)으로 강수(强首), 최치원(崔致遠)과 함께 신라 3대의 문장가이다. 설총(薛聰)은 이두문자(吏讀文字)를 만들어 보급하고, 한문에 토를 달아 풀어 해석하는 방법을 만들었다. 또한 화왕계(花王戒)를 지어서 신문왕의 마음을 고치려고 한 사람이다.
• 설풍(薛馮)의 형은 설응(薛疑)인데, 호는 암곡(巖谷)이다. 벼슬이 참지문하부사(參知門下府事)였는데, 간신들의 횡포를 견디지 못하고, 간성왕

• 참고자료 : 한가락 시조집 11권(2001년). 여말충의열전(麗末忠義列傳. 1994).

2년 벼슬을 버리고 순창(淳昌) 남산대(南山臺)로 내려갔다.

2. 설풍(薛馮) 산소

• 설풍(薛馮)의 산소는 경기도 용인시 원삼면 고당리에 있다. 산소는 두 개의 문인석과 비석, 묘 둘레에는 무궁화를 새긴 호석이 잘 정비되어 있었다. 주변에는 소나무 숲이 울창하다.

• 두문동(杜門洞)에 은거(隱居)한 사람들의 기록 자료는 많지 않아서 잘 알 수는 없다. 다만 고려사(高麗史), 고려사 절요(高麗史切要), 조선왕조실록(朝鮮王祖實錄), 두문동실기(杜門洞實記), 문중에 내려오는 세보(世譜) 그리고 최근에 정리한 여말충의열전(麗末忠義列傳) 등을 참고한다.

송헌공묘(松軒公墓)

일곱. 모선재(慕先齋)

　　　　임금님　섬김 노래
　　　　피리로　가락잡고

　　　　울타리　높게 쌓아
　　　　가르침　간직하며

　　　　반가운　손이 그리워
　　　　볕마을에　머물다

1. 원선(元宣)

• 태어나고 돌아가신 때를 잘 알지 못한다. 고려가 망하고 신조정이 일어설 때에(1392), 불사이군(不事二君)의 절개를 지켰다.
• 호는 양촌(陽村)이며, 본관은 원주(原州)이다. 어려서 등과하여 벼슬이 중정대부 판삼사좌윤(中靖大夫 判三司左尹)에 올랐다.
• 새 조정이 일어설 때에 송은(松隱)·구홍(具鴻) 등과 더불어 부조현(不朝峴)을 넘어 두문동(杜門洞)으로 들어갔다.
• 원선(元宣)은 두문동에서 다시 양주(陽州) 송산(松山)으로 숨었는데, 이곳에서 송산(松山) 조견(趙狷), 설학재(雪壑齋) 정구(鄭矩) 등과 교류하면서 피리와 거문고로 슬픈 마음을 달랬다고 한다. 후세 사람들이 이 마을을 삼귀촌(三歸村)이라고 불렀다. 지금의 의정부시에 있다.
• 원선(元宣)의 백씨(伯氏=큰형님), 중씨(仲氏=작은형님)는 신조정에 협력하여 벼슬에 나아갔는데, 원선(元宣)을 설득하기 위하여 여러 번 찾

• 볕마을 : 양촌(陽村)의 우리말.
• 참고자료 : 한가락 시조집 11권(2001년), 여말충의열전(麗末忠義列傳, 1994).

아 왔으나 피하고 만나지 않았다고 한다.

2. 모선재(慕先齋)

• 모선재(慕先齋)는 경기도 의정부시 낙양동에 있으며, 원선(元宣)을 추모하는 곳이다. 모선재(慕先齋)는 삼문(三門)이 우뚝하고, 정면 3칸, 측면 2칸으로 건축되었다.

• 원선(元宣)이 부조현(不朝峴)을 넘어갈 때에 남긴 말이 국파군망불거하구(國破君亡不去何求)이다. 또한 형님들이 찾아와 신조정에 협조를 권했을 때에 남긴 시가 있다.

　　신왕비아왕(新王非我王)　　인작이왕신(忍作二王臣)
　　기망구송경(豈忘舊松京)　　원채서산미(願採西山薇)

• 산소는 낙양동 마을 회관 앞에 있으며, 호석과 봉분을 가토(加土)하여 단장하였다. 동자석이 오래 되었다. 사람들은 동자상의 코를 갈아서 먹으면 귀한 아들을 얻는다고 한다.

• 원래 이곳은 민락동(民樂洞)이었는데, 낙양동(洛陽洞)이라고 부르는 것은 모선재(慕先齋) 옆에 조극관의 정원이 있는데, 그 정원이 중국의 낙양을 모방했다고 해서 불리는 이름이다.

모선재(慕先齋)

여덟. 무안재(務安齋)

열 마디 남겨 두면
뒷 말을 이으리라

애끓는 마음 잡아
하늘에 밝혀 들고

끝까지 참고 참으며
나의 때깔 돋구다

1. 유천(兪蕆)
• 고려 충숙왕(忠肅王) 복위(復位) 원년(元年) 임신(壬申,1332)에 송경(松京)에서 태어났고, 신조(新朝) 십년(十年) 신사(辛巳,1401)에 돌아가셨으니 향년 70세이다. 고려말의 절의충신(節義忠臣)이다.
• 호가 송은(松隱)이요, 본관은 무안(務安)이다. 천성(天性)이 결백강직(潔白剛直)하고 재주가 뛰어났으며, 부모에게 효성이 지극하고, 학문을 좋아하였다. 문과(文科)에 급제하여 여러 벼슬을 거쳐 여흥왕(驪興王) 때에 예의판서(禮儀判書)에 올랐다.
• 임신변역(壬申變易) 후에 부조현(不朝峴)을 넘어 만수산(萬壽山)으로 들어갔다가 다시 금천(金川)으로 옮겨 살았다. 이때에 귀산사 십운(歸山詞十韻)을 남겼다.

훈초세강혜목야거환(勛草世降兮牧野車還)

• 때깔 : 눈에 선뜻 비치는 태와 빛깔. 자기의 정절.
• 참고자료 : 한가락 시조집 10권(2000년). 여말충의열전(麗末忠義列傳. 1994).

아심불이혜운부향관(我心不貳兮雲浮鄉關)
아거하처혜거로만만(我去何處兮去路漫漫)
욕도동해혜갱등서산(欲蹈東海兮更登西山)
해활산고혜풍청월한(海闊山高兮風淸月寒)
노피정결혜상엄송관(盧彼淨潔兮常掩松關)
강구반아혜산학시안(江鷗伴我兮山鶴識顔)
신포수위혜고국의관(身布首葦兮古國衣冠)
계류독청혜수아조한(溪流獨淸兮垂我釣閒)
오령루몰혜부전인간(吾寧淚沒兮不傳人間)

• 어느 날 밤에 사람이 금궤를 들고 왔는데, 금과 하늘, 땅과 나와 그대가 모두 알고 있다고 타일러서 돌려 보냈다고 한다.

2. 무안재(務安齋)

• 무안재(務安齋)는 경기도 양주시 회천읍 옥정리에 있으며 유천(兪蕆)을 추모하는 곳이다. 마을 가운데 있으며, 벽돌로 건축되었고, 평지붕으로 일반 가옥과 같다.
• 무안재(務安齋) 앞에 유천(兪蕆)의 단을 모신 곳이 있다.
• 송산 마을을 삼귀(三歸) 마을이라고 하는데, 조견, 정구, 원선이 먼저 돌아와서 절개를 지키며 살았다고 하여 불리는 이름이다.

무안재(務安齋)

아홉. 명인각(明禋閣)

저무는 나라 걱정
삿갓에 숨긴 설움

맑고도 푸른 내음
두 줄기 아롱거려

번데뫼 아우른 터에
옹기종기 모인다

1. 유혜손(柳惠孫)
• 충숙왕(忠肅王)조에 태어났고, 돌아가신 때는 기록이 전하지 않아 알 수가 없다. 고려말(高麗末) 망복지신(罔僕之臣)으로 절개를 지킨 두문동 72현의 한 분이시다.
• 휘(諱)는 혜손(惠孫)이고, 호(號)는 파은(坡隱)이며, 시호(諡號)는 안간공(安簡公)이고, 본관(本貫)은 진주(晋州)이다. 목은(牧隱) 이색(李穡)의 아들 이종덕(李種德)의 장인이다. 고려말에 판후덕부사(判厚德府事)를 역임했다.
• 간성왕 원년(1389) 나라를 바로 세우고 역신들을 물리칠 계획을 세운 김저사건(소위 金佇獄事)에 연루되어 동지 27명과 함께 유배(流配)되었다.
• 조선 태조가 등극하던 날(1392. 07. 17)에 변혁(變革)에 반대하던 동지들 13명과 함께 개성(開城) 이현(梨峴-후에 不朝峴 혹은 掛冠峴이라고 불림)에 올라 조복관대(朝服冠帶)를 벗어 걸고, 절개를 맹세하고 두문동(杜

• 푸른 내음 : 소나무 향기. 고려의 개성을 그리워함.
• 번데뫼 : 행신동의 옛 이름.
• 참고자료 : 한가락 시조집 17권(2007년). 여말충의열전(麗末忠義列傳. 1994).

門洞)에 들어갔다. 얼마 후에 개성을 떠나 양주(楊州) 오봉산(五峰山) 아래에 은둔(隱遁)하였다(지금의 도봉산 오봉 자락).
• 유혜손(柳惠孫)의 3남 유향(柳珦)은 호(號)를 수재(守齋)라 쓰는데, 개성 소윤(開城少尹)을 역임하다가, 김저 옥사(金佇獄事)에 연루되어 아버지와 함께 유배되었고, 임신년 후에 아버지와 함께 양주에 은거하였다.

2. 명인각(明禋閣)

• 명인각(明禋閣)은 경기도(京畿道) 고양시(高陽市) 덕양구(德陽區) 행신동산(幸信洞山) 106-8에 있으며, 유혜손(柳惠孫)을 기리는 재실이다. 외삼문과 내삼문이 있으며, 여러 채의 집이 말끔하게 건축되었다.
• 행신동(幸信洞)의 옛 이름은 번덕동(番德洞), 번답동(番沓洞), 번뇌동 등으로 불리었으며, 옛 터는 신도시 건설로 지금의 자리로 옮겼다고 한다. 명인각은 문화재로 보호된다.
• 묘는 실전하여 후손들이 설단하였다.
• 능곡(陵谷)에는 5대 명당(五大名堂)이 있는데, 번데뫼, 장고뫼, 사뫼, 가라뫼, 강구뫼가 그것이다. 모두 옛 이름이어서 지금의 행정구역 명칭으로는 장소를 짐작하기가 어렵다.

명인각(明禋閣)

열. 분수재(汾水齋)

　　아홉 잣　되찾고서
　　선춘령　우뚝서니

　　휘달린　말갈기에
　　흐르는　땀방울들

　　번뜩인　칼날 세우며
　　노려 보는　저 들녘

1. 윤관(尹瓘)
- 고려 정종(靖宗) 6년(庚辰, 1039) 6월 1일에 태어나고, 예종(睿宗) 6년(1110) 5월 8일에 세상을 떠나셨으니, 향년(享年) 72세이다. 문무(文武)를 겸비한 선비요, 장수였다.
- 자는 동현(同玄)이요, 호는 묵재(默齋)이며, 시호는 문숙공(文肅公), 본관(本貫)은 파평(坡平)이다.
- 7세 때에 뽕나무를 보고 시를 지었다고 한다.

　　엽양천충방설한(葉養天蟲防雪寒)　　지위강궁사견융(枝爲强弓射犬戎)
　　명수초목진국보(名雖草木眞國寶)　　막전막절성아동(莫剪莫折誠兒童)

- 28세에 과거에 급제하여 여러 벼슬을 지냈고, 요(遼)와 송(宋)에 사신으로 행차하였으며, 송나라의 정(程)씨 형제들과 시를 주고 받으며, 학문을 토의하였다.

- 아홉 잣 : 잣은 성(城)의 우리말. 아홉 성.
- 선춘령(先春嶺) : 중국 연변시 근처에 있는 고개. 고려의 국경 정계비를 세운 곳. 윤관이 세운 정계비가 지금도 남아있다.
- 참고자료 : 한가락 시조집 11권(2001년). 여말충의열전(麗末忠義列傳. 1994).

• 국가의 부흥을 위하여 주전법(鑄錢法)을 만들어 시행할 것을 상주(上奏)하였다.
• 예종(睿宗) 2년(1106) 북벌 명령에 대원수(大元帥)가 되어, 오연총(吳延寵) 부원수(副元帥)와 더불어 삼십만 군사를 거느리고 두만강 7백리를 넘어 여진족을 평정하고 9성을 쌓았다. 그리고 고려 정계비(高麗 定界碑)를 선춘령(先春嶺)에 세웠다. 고구려가 망한 후에 최초로 국토를 확장하고 정비한 장군이다.

2. 분수재(汾水齋)
• 분수재는 경기도 파주시 광탄면 분수리에 있으며, 지방문화재 사적 324호로 지정된 산소와 함께 잘 보존되어 있다. 산소 아래에 여충사(麗忠祠)가 있고, 윤관(尹瓘)의 영정이 수려하게 보존되고 있다.
• 윤관(尹瓘)의 생가터가 승용차로 15분 정도의 거리에 있는데, 빈터에 파평윤씨상서대(坡平尹氏尙書臺)라는 비만 남아 있고, 그 옆에 후손들의 비석이 아홉 개 서 있다.
• 상서대(尙書臺) 앞에 제법 큰 개울이 있었다고 한다. 여기에 낙화암(落花巖)이라는 표석이 외롭게 서 있다. 밀정으로 파견된 여인이 윤관(尹瓘)의 인품에 반하여 평생을 모시고 살다가 윤관(尹瓘)이 죽자, 낙화암(落花巖)에서 물에 빠져 자결했다고 한다.
• 파평 윤씨의 시조가 태어났다는 용연(龍淵)이 근처에 있다.

분수재(汾水齋)

열하나. 숭모재(崇慕齋)

몇 글자　배운 것은
바른 말　하려는 것

어울려　벗하는 이
먼 길을　찾아 온 날

봄맞이　하얀 눈 내려
솔내음이　짙겠다

---

1. 은신윤(殷幸尹)
• 고려말 충숙왕(忠肅王) 7년(庚申, 1320)에 태어나고 태조 14년(乙酉, 1406)에 돌아가셨으니, 향년 86세이다. 고려말의 절의충신(節義忠臣)이요, 절개를 굳게 지킨 문장가이다.
• 휘(諱)를 신윤(辛允)으로 쓰기도 하며, 시호(諡號)는 양렬(襄烈)이고, 본관은 행주(幸州)이다.
• 충정왕(忠定王) 때에 문과에 급제하여 성균관박사를 거쳐 보문각대제학(寶文閣大提學)을 역임하였다. 임신변혁(壬申變革)에 불사이군(不事二君)의 마음을 품고, 벼슬을 버리고 고부(古阜) 두승산(斗升山)에 은거하였고, 후에 영주(瀛州)로 옮겼다.
• 목은(牧隱) 이색(李穡)과 사귀면서 살았다. 두 사람이 서로 주고받은 감회시가 지금도 경현사지(景賢祠誌)에 남아있다.

• 몇 글자 : 은신윤(殷幸尹)의 높은 학문.
• 솔내음 : 개성(송도,松都)을 그리워 함.
• 참고자료 : 한가락 시조집 6권(1996년). 여말충의열전(麗末忠義列傳. 1994).

2. 숭모재(崇慕齋)

• 숭모재(崇慕齋)는 경기도 용인시 이동면 서리에 있으며, 은신윤(殷莘尹)을 추모하는 곳이다. 정면 3칸 측면 2칸으로 전면에는 마루를, 후면에는 방을 만들었고, 팔작기와지붕을 얹었으며, 근래에 개축한 건물이다.

• 산소는 용인 무봉산(舞鳳山) 남쪽에 있다. 오래도록 산소를 찾지 못하였는데, 1937년에 근처에서 고려국 직제학 은신윤(高麗國直提學殷莘尹)이라는 지명(誌銘)을 찾아서 산소를 회복하였다. 산소에는 묘비가 있고 동자상이 세워져 있다. 위쪽에는 은씨 시조단이 모셔져 있다.

• 1932년 유림(儒林)이 전남 장성 만수산(萬壽山) 경현사(景賢祠)를 창건하고 여말충의제현(麗末忠義諸賢)을 향사(享祀)할 때 함께 모셨다.

숭모재(崇慕齋)

열둘. 남곡재(南谷齋)

들보며　서까래며
아로새긴　이름걸이

가르친　한 마음이
뭉치고　얽혔다가

찾아온　길손 마음을
차곡차곡　채운다

1. 이석지(李釋之)
• 태어나고 돌아가신 때를 알지 못한다. 고려말에 절개를 굳게 지켜 불사이군(不事二君)의 인륜을 실천한 사람이다.
• 호(號)가 남곡(南谷)이고, 시호(諡號)는 충정(忠貞), 본관은 영천(永川)이다. 어려서부터 성품이 곧고 강직하였다.
• 가정(稼亭) 이곡(李穀)의 문하에서 학업에 정진하여 충혜왕(忠惠王) 복위 2년(辛巳,1341)에 목은(牧隱) 이색(李穡)과 더불어 진사과(進士科)에 올랐고, 충목왕(忠穆王) 3년(丁亥, 1347)에 문과에 급제하였다. 그 후 벼슬이 판도판서(版圖判書)를 지나 보문각대제학(寶文閣大提學)이 되었다.
• 이석지(李釋之)는 목은(牧隱) 이색(李穡)과 포은(圃隱) 정몽주(鄭夢周)와 더불어 학문과 신의로 교류하였으며, 고려의 안위(安危)를 걱정하여 직간(直諫)하다가, 개선되는 점이 없어서, 용인(龍仁) 남곡(南谷) 별리(別里)

• 들보 서까래 : 집을 짓고 지붕을 올리는 중요한 틀.
• 참고자료 : 한가락 시조집 10권(2000년). 여말충의열전(麗末忠義列傳. 1994).

에 은둔하여 항절불출(抗節不出)하였다.
- 유고(遺稿) 계자손(戒子孫)시가 전한다.

    사관대각연가세(史官臺閣連家世)   계이휴만만석궁(戒爾休彎萬石弓)

2. 남곡재(南谷齋)

- 남곡재(南谷齋)는 경기도 용인시 양지면 주북리에 있으며, 이석지(李釋之)를 추모하는 곳이다. 재실은 팔작지붕, 목조기와집으로 되었으며, 정면 4칸, 측면 2칸이고 한 칸은 방으로 꾸몄다.
- 앞면에 남곡재(南谷齋) 현판이 마루 위 설주에 걸려 있고, 주련(柱聯)이 둥근 나무기둥에 걸려 있다. 그리고 내부 천정 아래에 한시와 정자기(亭子記)가 액자에 넣어서 보관되었다.
- 산소는 양지면 오리동 신좌(辛坐)에 있는데, 실전되었다가 최근에 지석(誌石)을 보고 확인된 것이다. 산소는 호석과 선비상, 혼유대가 잘 정비되었다.
- 산소 우측, 반 구릉지에는 조그마한 연못이 있는데, 물고기가 많이 살고 있다고 하면서, 물이 맑아 물새들도 와서 둥지를 틀고 있다고 한다.

남곡재(南谷齋)

열셋. 고덕재(高德齋)

고샅길 소란하여
사립문 열었더니

옛 벗이 수레 타고
한 잔 술 권하는데

술이야 밤을 세워도
가는 길이 다르다

1. 이양중(李養中)
• 태어나고 돌아가신 때는 알지 못하며, 고려말의 충신(忠臣)이요, 덕망(德望)과 곧은 절개(節介)로 사람들의 칭송을 받는다.
• 자(字)는 자정(子精)이요, 호(號)는 석탄(石灘)이며, 본관(本貫)은 광주(廣州)이다. 현
• 이양중(李養中)은 공민왕 때에, 문정공(文貞公) 신현(申賢)의 문하에서 수학하고, 문과에 급제하여 벼슬이 형부좌참의에 올랐고, 여흥왕 때에 요동정벌을 계획하는데, 군부의 반란이 있을 것을 미리 알고 직간(直諫)하였으나, 오히려 고향인 광릉(廣陵)으로 유배(流配)되었다.
• 여말선초(麗末鮮初)에 운곡(耘谷) 원천석(元天錫)이 원주 치악산(雉岳山) 정상에 제단을 쌓고, 고려의 종사(宗社)를 잇는 변혁사(變革祀)를 꾸밀 때 참여했다.

• 고샅길 : 시골 촌락의 좁은 골목길.
• 옛 벗 : 태종이 즉위하여 찾아감.
• 참고자료 : 한가락 시조집 5권(1995년). 여말충의열전(麗末忠義列傳. 1994).

• 조선 태종(太宗)이 즉위하기 전에는 친한 친구였는데, 태종이 즉위한 뒤에 경기도 광주에 행차하여 이양중(李養中)을 부르니, 이양중(李養中)이 평민의 복장으로 거문고를 끼고 와서, 한 병의 술과 물고기 안주를 바치고 하루 밤을 이야기하며 지냈다고 한다.

2. 고덕재(高德齋)

• 고덕재(高德齋)는 경기도 광주시 초월면 신월리에 있는데, 석탄(石灘) 이양중(李養中)의 덕망을 추모하는 재실이다.
• 이양중(李養中)은 두 임금을 섬기지 않겠다는 절개로 광주 남쪽 산 아래에 숨어 살면서, 고기를 낚으며 후일을 기약하였는데, 지금의 강동구 고지봉(高志峰)이 그 곳이다. 얼마 전까지는 고덕리(高德里)라고 부르다가 서울로 편입되면서 고덕동(高德洞)으로 개칭되었다.
• 태종(太宗)과는 육결의형제(六結義兄弟)를 맺어 매우 가깝게 지냈는데, 고려의 유신(遺臣)과 신조(新朝)의 임금으로 헤어졌다가, 서로 만나서 감회를 이야기하며, 친구의 정을 나눈 곳을 왕숙탄(王宿灘)이라 한다.
• 산소는 광주군 초월면 신월리 무갑산 아래 간좌곤향(艮坐坤向)에 있다. 처음에는 광주군 동부면 덕풍리 취동에 장사지냈다가, 1973년에 지금의 자리로 옮겼다.
• 유허비가 강동구 암사동에 있으며 광주 구암서원에 배향되었다.

고덕재(高德齋)

열넷. 구성재(駒城齋)

아비가　새겨준 길
따르는　아들이여

배우고　깨친 알음
뒷 무리　어우르니

꿈길에　비친 해오름
모닥불로　밝았다

1. 이중인(李中仁)
• 1315년(충숙왕 2년)에 태어나고, 돌아가신 때를 알지 못한다. 고려말의 절의충신(節義忠臣)이며, 은사(隱士)이다. 두문동(杜門洞)에 들어간 72명의 한 사람이다.
• 호는 진초(秦楚)요, 시호(諡號)는 충숙(忠肅), 본관은 용인(龍仁)이다.
• 호를 진초(秦楚)로 삼은 것은, 송경(松京)의 일청재(一淸齋)에서 이중인(李中仁)을 낳는데, 이웃에 살던 이조은(李朝隱), 안우기(安于器)의 꿈에, 일청재(一淸齋)에 해가 걸린 것을 보았고, 어릴 때 형부전서 이백겸(李伯謙)이 진초(秦楚)와 같은 강인함이 있다고 해서 생긴 호이다.
• 충혜왕 때 문과에 올라 홍복도 감판관 문하시랑(弘福都監判官門下侍郎), 충목왕때 평장사(平章事)를 지냈다. 학문을 좋아하고, 경서에 능통하였다고 하며, 목은(牧隱) 이색(李穡)과, 포은(圃隱) 정몽주(鄭夢周)를 문

• 어우르다 : 여럿이 조화되어 한 덩어리가 되다.
• 모닥불 : 불에 타 자결하려고 결심한 것.
• 참고자료 : 한가락시조집 7권(1996년). 여말충의열전(麗末忠義列傳. 1994).

하생으로 두었다.
- 임신변혁에 여덟 판서들과 성거산(聖居山)아래 두문동(杜門洞)에 들어가서 나무를 쌓고, 불사르고 자결하고자 하였으나, 동료들의 간곡한 만류로 뜻을 이루지 못하여, 울분이 쌓여 죽었다고 한다. 팔판서(八判書)는 조운흘(趙云仡), 장하(張夏), 김광서(金光叙), 임득충(林得忠), 염저(廉荇), 정과(鄭過), 차수동(車壽童), 이중인(李中仁)을 말한다.
- 이중인(李中仁)은 아들 이사영(李士穎)과 손자 이백찬(李伯撰)으로 더불어 3세 3충(三世三忠)으로 칭송받는다. 두문동서원(杜門洞書院)과 송산사(松山祠)에 배향되었다.

2. 구성재(駒城齋)
- 구성재(駒城齋)는 경기도 용인시 기흥읍 영덕리에 있으며, 이중인(李中仁)을 추모하는 곳이다.
- 산소는 기흥 영덕리 자은교(慈恩橋)-마을에서는 잔다리라고 부름-마을 서남쪽 언덕에 있으며, 원분형태이다. 비석은 모로 세웠으며, 커다란 봉분과 대신상, 동자상, 석등 등이 잘 정돈되어 있다.
- 구성재(駒城齋)에서 북쪽으로 10여리 쯤에 이중인(李中仁)의 아들 이사영(李士穎)의 산소가 있다. 이사영(李士穎)은 형조전서를 지냈는데, 임신변혁에 아버지의 뜻을 따라서 남원 유배지에서 신조정에 협조하지 않고 돌아가셨다.

구성재(駒城齋)

열다섯. 송산묘(松山墓)

솔뫼가 그리워서
이름도 고쳐쓰고

망경대 올라올라
노래로 달랜 설움

돌쪼아 새긴 틈새가
보여줄 듯 말할 듯

1. 조견(趙狷)
• 1354년(충정왕 3년)에 태어나고, 1425년에 돌아가셨다(75세). 고려말의 절의충신(節義忠臣)이며 은사(隱士)이고, 두문동(杜門洞)에 들어간 72현의 한 사람이다.
• 자(字)는 거경(巨卿)이요, 호는 송산(松山)이며, 본관은 평양(平壤)이다. 임신변혁 후에 자(字)를 종견(從犬)으로 고치고, 처음 이름이 윤(胤)이었는데, 견(狷)으로 고쳤다. 나라가 망했는데도 따라 죽지 못함이 개와 비슷하다는 뜻이요, 개처럼 주인을 그리워 한다는 뜻이 담겨 있다.
• 어려서 불도에 심취하여 절의 주지를 역임하고, 후에 유학을 공부하였다. 1371년(공민왕 20년) 생원으로 문과에 올라 벼슬이 지신사(知申事)에 올랐다. 영남 안렴사(嶺南按廉使)에 있을 때, 임신변혁(壬申變革)이 일어나서, 처음에는 두류산(頭流山) 청계동(淸溪洞)에 들어갔다가 끝내는 양주 동쪽 수락산 북쪽 골짜기에서 숨어 살았다.

• 솔뫼 : 고려의 서울인 송도(松都)를 한글로 풀어쓴 말.
• 돌쪼아 새긴 틈새 : 산소에 있는 비석이 벼락에 부서진 모습.
• 참고자료 : 여말충의열전(麗末忠義列傳. 1994).

• 조견(趙狷)이 영남 안렴사(嶺南按廉使)에 있을 때 지은 시가 전한다.

　　삼년재과영남루(三年再過嶺南樓)　　세세매향권소유(細細梅香勸少留)
　　거주소우감송노(擧酒消憂堪送老)　　평생차외구불수(平生此外求不須)

• 조견(趙狷)의 형 조준(趙浚)은 조선조 개국공신(開國功臣)이며 영의정(領議政)을 지냈다.

2. 조견(趙狷) 산소

• 조견(趙狷)산소는 경기도 성남시 여수동(옛날 경기도 광주군 돌마면 여수리 정서향의 언덕에 있음-남한산성 남쪽)에 있고, 산소는 고려제도를 쓰고 있으며, 깨진 비석이 그대로 있다. 두류산(頭流山)에서 경기도 청계산으로 옮긴 것은 증조할아버지 정숙공(貞肅公)이 생활하시던 곳으로 할아버지 영당이 있는 곳이다.
• 신조정에서 조견(趙狷)의 충절을 높게 여겨, 개국공신 평성부원군 시평간 조공지묘(開國功臣平城府院君諡平簡趙公之墓)라는 비석을 내렸는데, 밤에 벼락이 쳐서, "조공지묘(趙公之墓)"만 남고 윗부분은 깨어졌다.
• 의정부에 시도 기념물 42호로지정된 송산사(松山祠)가 있다. 입구에 팔각기둥의 기념비가 있는데, 송산사중건기념비(松山祠重建記念碑)이다. 조견·송암·양촌·농암·진초·송은의 6명을 추모하는 갈명이 기록되어 있고, 송산사 중건 내용이 2면에 기록되어 있다. 6명의 위패도 함께 모셔 제향을 받들고 있다.

조견(趙狷) 산소

열여섯. 문헌서원(文憲書院)

말씻김 언덕 발치
해맑은 다락 처마

솔내음 잇고 이은
소담한 뜰안 길섶

사붓이 밟고 걸으면
반겨 웃는 붓망울

1. **최안택(崔安澤)**
• 고려 공민왕 17년(戊申, 1368)에 태어나고, 신조정 45년(1436년)에 돌아가셨다. 향년(享年) 69세이다. 고려말(高麗末) 불사이군(不事二君)의 정절(靖節)을 지킨 충신이다.
• 휘(諱)는 안택(安澤)이다. 처음 휘(諱)는 중택(仲澤)이었고, 별칭은 벼슬 이름을 사용하여 영랑장(領郞將)이고, 본관(本貫)은 해주(海州)이다.
• 개성(開城) 동도(東都) 상양제(上楊堤)에서 태어나고, 후에 북부(北部) 관광방(觀光坊)으로 이사했다. 무관으로 영랑장(領郞將)에 올랐다.
• 임신변혁(壬申變革)에 신조정과의 관계를 단절하고 숨어 살았다. 고려 말 아홉 명의 깨끗하고 빼어난 사람을 구일민(九逸民)으로 추앙한다. 고산(孤山)-공은(孔隱), 밀성군(密城君)-박침(朴忱), 예조전서(禮曹典書)-김영

• 말씻김 언덕 발치 : 세마대(洗馬臺) 근처라는 뜻.
• 사붓이 : 발걸음을 소리없이 가볍게 걷는 모습.
• 붓망울 : 뜰안에 가득 피어 있는 붓꽃 망울.
• 참고자료 : 한가락 시조집 18권(2008년). 여말충의열전(麗末忠義列傳. 1994).

비(金英庇), 현감(縣監)-강필(姜泌), 태재(泰齋)-류방선(柳方善), 처사(處士)-이온(李榲), 군수(郡守)-민보문(閔普文), 시어사(侍御使)-차인부(車仁頫), 영랑장(領郎將)-최안택(崔安澤)이 그들이다.

• 최안택(崔安澤)의 9대 선조에 고려 해동공자(海東孔子)로 존경받는 문헌공(文憲公) 최충(崔冲, 984~1068)이며, 4대 선조 최자(崔滋)는 보한집(補閑集)을 엮은 것으로 유명하다.

2. 문헌서원(文憲書院)

• 문헌서원(文憲書院)은 경기도(京畿道) 오산시(烏山市) 내삼미동(內三美洞)에 있으며, 해동공자(海東孔子) 문헌공(文憲公) 최충(崔冲)을 모신 서원이다. 최안택(崔安澤)은 따로 모신 재실이 없다.

• 문헌서원(文憲書院)은 조선조 명종 5년(1550) 황해도 관찰사 주세붕이 해주에 처음 세웠다. 남북이 분단된 후, 1992년 오산에 제2의 문헌서원(文憲書院)을 세웠다. 강당과 영정각과 사적비, 마당이 잘 정비되었다.

• 근처에 독산성(禿山城)이 있고, 세마대(洗馬臺)가 있는데 임진왜란 때 권율(權慄)장군이 왜군을 물리치고 말을 씻긴 곳이다. 세마대 현판 글씨는 이승만 대통령의 글씨란다.

문헌서원(文憲書院)

열일곱. 두산재(斗山齋)

흰 수염　날리면서
앞장 서　걷는 길에

조그만　이야기는
가슴에　묻었더니

그리움　서린 함박눈
골에 들에　하얗다

1. 허유전(許有全)
- 고려 고종(高宗) 30년(癸卯, 1242)에 태어났고, 돌아가신 때는 잘 알 수가 없다. 고려조 대대로 벼슬하는 가문에서 태어나서 충성으로 국가의 안위를 위해서 노력하였다.
- 시호(諡號)가 충목공(忠穆公)이며, 본관은 김해(金海)이다. 어려서부터 경서(經書)와 술서(術書)에 정통했으며, 원종(元宗)조에 벼슬길에 올라, 여러 벼슬을 거쳐 충숙왕(忠肅王) 때에 가락군(駕洛君)에 봉해졌고, 단성수절공신(端誠守節功臣)의 호를 받았으며, 후에 정승(政丞)이 되었다.
- 충숙왕(忠肅王) 8년 가을에 충선왕(忠宣王)이 원(元)나라에 인질로 가서 토번(吐藩)에 억류되었을 때에, 충선왕의 편지를 받고 81세의 나이로 원나라에 가서 충선왕을 모신 것은 충절(忠節)의 장엄함이었다. 병든 부인은 허유전(許有全)이 원나라로 떠난 지, 8일 만에 세상을 떠났다.

- 흰 수염 : 허유전(許有全)의 나이가 많은 것.
- 참고자료 : 한가락 시조집 11권(2001년). 여말충의열전(麗末忠義列傳. 1994).

• 허유전(許有全)의 손자 허기(許麒)는, 고려말의 대절충신(大節忠臣)으로 도연서원(道淵書院)에 배향되었다.

2. 두산재(斗山齋)

• 두산재(斗山齋)는 인천광역시 강화군 불은면 두운리에 있으며, 허유전(許有全)을 추모하는 곳이다.
• 지금의 산소 자리에서 가락허시중공(駕洛許侍中公)이라는 표석(表石)과 문인석(文人石)을 발견하였고, 유골의 과학적 확인과 고려 때의 엽전(葉錢), 청자(靑瓷), 토기병(土器甁) 등이 발굴되었다. 지금은 방분(方墳)의 묘제로 복원하여, 인천광역시 기념물 제26호로 지정되었다.
• 두산재(斗山齋) 입구에 홍살문(紅살門)이 있고, 그 뒤에 삼문이 우뚝하며, 안에는 정면 4칸, 측면 2칸의 팔작기와지붕의 한옥으로 건축되었다. 왼쪽에는 부속건물이 있고, 두산재(斗山齋) 뒤에 산소가 있다. 탐방하던 날 눈이 너무 많이 내려 바로 뒤에 있는 산소도 가지 못했다.
• 강화에는 단군이 제사를 지내던 참성단(塹城壇)이 있고, 강화의 옛 이름은 갑비고차(甲比古次)이며, 고구려 시대에는 혈구진(穴口鎭), 신라시대에는 해구군, 고려에 와서 강화로 불렀다.
• 고려의 대문장가 이규보의 사가재(四可齋) 재실과 산소가 실상면에 있다. 또한 조선조 철종이 왕이 되기 전에 나무하면서 물을 마셨다는 대문산 등, 역사의 유적들이 많이 있다.

두산재(斗山齋)

충청북도 편

세심정(洗心亭)　　　남지언(南知言)

화원재(花園齋)　　　석여명(石汝明)

육현사(六賢祠)　　　신덕린(申德隣)

만경정(萬景亭)　　　윤사석(尹師晳)

동고정(東皐亭)　　　이영길(李英吉)

충효재(忠孝齋)　　　이의석(李義碩)

피세정(避世亭)　　　　조신(趙紳)

열여덟. 세심정(洗心亭)

몸 씻고　마음 씻어
바르게　세우려고

뫼 비탈　벼랑 터에
띠 집을　엮었더니

여섯 개　둥근 기둥이
솔 그늘에　조올다

1. 남지언(南知言)
• 조선 중종 2년(1507)에 태어나서 1566년에 돌아가셨으니 향년 60세이다. 수산리(壽山里)에서 태어나서 일찍이 사친(事親)의 도(道)를 터득했으며, 향시에 합격했으나 과거장(科擧場)의 부정을 개탄스럽게 여겨서 다시는 응시하지 않았다.
• 자(字)가 신지(愼之)이고 호(號)는 삼괴옹(三槐翁)이며, 본관(本貫)은 고성(固城)이다.
• 남지언(南知言)의 아버지 남인(南寅)과, 아들되는 남경효(南景孝)의 3대는 효행을 지극하게 실천한 것으로 유명하다. 남지언(南知言)은 집을 오고가는 지름길에 불효자가 살고 있다고 해서 지름길을 버리고 먼 곳으로 돌아다닌 일화가 있다.
• 삼괴옹(三槐翁)이라는 호는 남지언(南知言)이 가르치던 강학당(講學堂) 앞에 세 그루 느티나무가 있어서 생긴 이름이다.

• 몸 씻고 마음 씻어 : 세심정(洗心亭)을 우리 말로 풀어씀.
• 참고자료 : 한가락 시조집 3권(1993년).

2. 세심정(洗心亭)

• 세심정(洗心亭)은 충청북도 영동군 상촌면 임산리에 있으며, 아래는 황악천이 흐르고 강 건너에는 황악산이 우람하게 보인다. 세심정(洗心亭)은 가파른 언덕위에 아스라하게 기둥을 달아내어서 건축한, 육각형의 정자로 난간 끝에서 보는 경치는 광활하다.

• 세심정(洗心亭)은 남지언(南知言)이 직접 지은 정자로, 후손들이 계속 중건하였다.

• 정자 위쪽의 바위에 삼괴당 남선생 장루지소(三槐堂南先生杖屨之所)라는 글이, 세로로 새겨져 있고, 아래 바위에는 산고수장(山高水長)이라는 글씨가 음각되어 있다. 산고수장(山高水長)이라는 말은 인격이 높은 사람을 칭찬하는 말이다.

• 삼괴당(三槐堂)은 남지언(南知言)이 만년에 강학당(講學堂)으로 세운 집이고, 산소는 바로 뒤에 있다.

• 황악천을 건너 들판에 동이를 엎어 놓은 듯이 우뚝 솟아 올라온 언덕에 고반대(高盤臺)가 있는데, 앞에는 우물이 있고 뒤에는 삼괴당 남선생 고반지대(三槐堂南先生高槃之臺)라고 쓴 비각이 있다. 현판에는 영사각(永思閣)이라고 걸려있다.

세심정(洗心亭)

열아홉. 화원재(花園齋)

봄철에 하얀 오얏
여름에 참대나무

가을에 국화 내음
철 따라 꽃밭으로

눈보라 휘몰아 쳐도
꽃 내음만 꿈꾸다

1. 석여명(石汝明)
• 태어나고 돌아가신 때를 잘 알지 못한다. 고려말의 충신으로, 불사이군(不事二君)의 절개를 굳게 지켰다.
• 자는 윤립(胤立), 호를 화원(花園), 본관은 충주(忠州)이다. 공민왕 때에 성균생원으로 대과하여 벼슬이 문하주서(門下注書)에 올랐다.
• 석여명(石汝明)의 할머니는 최(崔)씨인데, 조선 태조인 이성계의 이모가 된다. 태조가 태어난 지 다섯 달만에 어머니를 여의자, 최(崔)씨가 대신 젖을 먹여 키운 것이다. 그래서 석여명(石汝明)과는 인척관계로 각별하게 자랐다.
• 신조정에서 태조의 친서로 석여명(石汝明)을 한성윤(漢城尹), 집현전 제학(輯賢殿提學) 등으로 신조정에 참여할 것을 권했으나, 석여명(石汝明)이 거절하자 크게 화를 내고는 고향인 충주(忠州) 차의산(車依山) 회문동(回文洞)에 유배(流配)하여 안치(安置)시켰다. 마을 사람들은 이 차의산

• 참고자료 : 한가락 시조집 11권(2001년). 여말충의열전(麗末忠義列傳. 1994).

(車依山)을 절개를 지킨 곳이라하여 수의산(守義山)이라고 부른다.

2. 화원재(花園齋)

• 화원재(花園齋)는 충청북도 충주시 신니면 문락리에 있으며, 석여명(石汝明)을 추모하는 곳이다. 입구 삼문(三門)에 수의문(守義門)이란 현판을 걸었고, 안에는 정면 6칸, 측면 2칸으로 팔작기와지붕의 재실이 기단 위에 건축되었다. 재실 좌우 2칸씩은 방으로 꾸몄다. 화원재(花園齋)라는 현판이 처마에 걸려있다.

• 산소는 실전되어서, 단을 만들어 제향을 받들고 있다. 단은 네모난 형태이며, 석등과 선비상, 혼유대, 호석이 잘 정비되어 있다. 화원재(花園齋) 바로 뒷 쪽에 있다.

화원재(花園齋)

스물. 육현사(六賢祠)

먹 갈아 붓에 적셔
꿈 담아 내린 글자

오늘도 솟는 샘물
이어갈 큰 뜻이여

그래서 외롭지 않다
숨은 여섯 모였다

1. 신덕린(申德鄰)
• 태어나고 돌아가신 때는 알지 못하며, 고려말 절의충신(節義忠臣)이며, 두문동(杜門洞)에 들어간 72명의 한 사람이다.
• 자는 불고(不孤), 호는 순은(醇隱)이고, 본관은 고령(固寧)이다.
• 율정(栗亭) 윤택(尹澤)의 문하에서 공부하고, 공민왕 때(1352) 전교령(典校令)을 거쳐 보문각제학(寶文閣提學)에 올랐다. 특히 서예에 뛰어나 예서(隷書), 진서(眞書), 초서(草書)에 능통하였으며, 삼매필(三昧筆)이라고 했다.
• 신덕린(申德鄰)은 고려말(高麗末)에 국운이 기울자 광주(光州) 서석산(瑞石山)에 은거하다가, 다시 두류산 아래 호촌(壺村)으로 옮겼다. 후에 운곡(耘谷) 원천석(元天錫)이 동지 80여명과 시작한 치악산 변혁사(雉岳山變革祀)에 참여하였다.

• 샘물 : 묵정(墨井)에서 솟았다는 검은 먹물.
• 참고자료 : 한가락 시조집 8권(1998년). 여말충의열전(麗末忠義列傳. 1994).

• 고려말 여섯 숨은 이(六隱)가 있는데, 순은(醇隱)신덕린(申德鄰), 목은(牧隱)이색(李穡), 포은(圃隱)정몽주(鄭夢周), 야은(冶隱)길재(吉再), 도은(陶隱)이숭인(李崇仁), 교은(郊隱)정이오(鄭以吾) 등을 일컫는 것이다.

2. 육현사(六賢祠)

• 육현사(六賢祠)는 충청북도 청원군 낭성면 관정리에 있으며, 신덕린(申德鄰)을 추모하는 곳이며, 묵정서원(墨井書院)과 묵정영당(墨井影堂)이 있다. 묵정서원(墨井書院)은 정면 4칸, 측면 2칸으로 방과 마루로 건립되었으며, 육현사(六賢祠)는 정면 3칸의 사당이다.

• 마을 입구에는 하은(霞隱) 신용(申鏞)이 심었다는 400여년이 넘은 은행나무 두 그루와, 신집(申潗)의 효자정문(孝子旌門) 등이 있다.

• 묵정서원(墨井書院)은 1871년(고종 8년)에 철폐되고 1942년에 신축되며, 이름을 묵정사원(墨井祠院)이라고 고치고, 오늘의 모습을 갖추었으며, 1987년에 묵정서원(墨井書院)으로 바꾸었다.

• 산소는 옥과현 남쪽 십리 떨어진 개사동(지금은 곡성군 오산면) 서남향 언덕에 있다.

육현사(六賢祠) - 묵정서원(墨井書院)

스물하나. 만경정(萬景亭)

한길로 치달으며
굽은 길 곧게 펴서

뒷날에 이으려고
푸르름 심은 뫼에

냇물이 감싸 흐르고
띠집 셋이 아늑다

1. 윤사석(尹師晳)
• 태어나고 돌아가신 때를 알지 못한다. 조선조 중기에 학문(學文)과 직언(直言)으로 올바른 정신을 실천하며, 제자 양성에 힘쓴 선비이다.
• 호는 만돈암(晩遯菴)이고, 본관은 파평(坡平)이다.
• 35세에 과거를 통한 출세를 싫어하고, 시골에 은거하며 잠수정양(潛修靜養)하였으며, 나라를 다스리는 도는, 군신교부(君臣交孚, 임금과 신하가 서로를 믿는 것) 후에, 어려움에 처해 있는 백성을 구제함에 있다고 주장하였다.
• 연산조(燕山朝)에 이르러 임금의 포악함을 극언(極言)하였으나 뜻을 이루지 못하자, 옥화대(玉華臺)로 거처를 옮겨서 제자양성에 힘썼다.

• 한길 : 바르고 깨끗한 생활.
• 푸르름 심은 뫼 : 맑고 곧은 정신을 가르친 모습.
• 띠집 셋 : 한 곳에 3개의 정자가 있는 모습.
• 참고자료 : 한가락 시조집 4권(1994년).

2. 만경정(萬景亭)

- 만경정(萬景亭)은 충청북도 청원군 미원면 옥화리에 있으며, 윤사석(尹師晳)이 지은 정자이다. 정면 2칸, 측면 1칸으로 최근에 시멘트로 개축하였다. 난간도 있으며 팔작기와지붕으로 되었다. 정자 주위에 다섯 그루의 소나무를 길렀다고 하여 지금도 소나무가 있다.
- 만경정(萬景亭)이 있는 우뚝한 곳을 옥화대(玉華臺)라고 하여 유원지가 되었고, 주변에 대원군 때에 철폐된 옥화서원(玉華書院)의 자취가 있어서, 일부 모습과 비석들이 있다.
- 우측에는 6대손 주일제(主一齊) 윤승임(尹承任)의 세심정(洗心亭)이 있고, 좌측에는 서계(西溪) 이득윤(李得胤)의 추월정(秋月亭)이 있어서 한 곳에 세 개의 정자가 있는 특이한 모습이다.

만경정(萬景亭)

스물둘. 동고정(東皐亭)

참나무 심은 언덕
비바람 불어쳐서

나뭇잎 펄럭이고
잔가지 휘청대나

뿌리는 그대로였다
새움 저리 돋았다

1. 이영길(李英吉)
• 조선조 명종 18년(癸亥, 1562)에 태어나고, 인조 16년(戊寅, 1638)에 세상을 떠났음. 장례에 상복을 입은 제자가 72인이나 되었다고 한다. 임진왜란을 거친 조선조 선비이며, 은둔처사(隱遯處士)이다.
• 자는 경숙(慶淑)이고, 호는 역옹(櫟翁)이며, 본관은 전의(全義)이다.
• 선조 24년 신묘(辛卯, 1591)에 사마시(司馬試)에 올랐으나 학문에 뜻을 두고 벼슬에 나아가지 않았으며, 임진왜란 때에 옥천 산중에 피신했었다.
• 이영길(李英吉)은 광해군이 여러번 불렀으나 시골에서 후학 지도하는 데 전념하였다.

2. 동고정(東皐亭)
• 동고정(東皐亭)은 충청북도 청원군 오창면 가곡리에 있으며, 정면 3칸, 측면 2칸의 팔작기와지붕으로 되었고, 12개의 지대석 위에 복층으

• 참나무 : 참된 제자들을 길러내 큰 인물로 기른 것.
• 참고자료 : 한가락 시조집 2권(1992년).

로 세웠다. 계단이 있고 마루가 깔려 있다.
- 처음 정자는 광해 4년 임자(壬子, 1611)에 건축되었으나, 퇴락되어 없어진 것을 근년에 문중에서 복원한 것이다. 안전을 위하여 쇠울타리로 둘레를 막았다.
- 가곡리(佳谷里)하는 말은 이영길(李英吉)이 공자(孔子)의 가르침을 노래로 만들어서 부르며 가르쳤다는 말의 음(音)이 변하여 된 것이다. 원래는 가공(歌孔)이라고 한다.
- 이영길(李英吉)이 지은 시문집은 전하지 않고 오직 도무집(蹈舞集)이 전한다. 내용은 산 생활에 익숙하여 스스로 농사를 짓고 옷을 만들어 입으니 춤이 저절로 일어난다는 내용이다.
- 한시(漢詩)가 한 수 전한다.

위애동고복차거(爲愛東皐卜此居)   백년생활문하여(百年生闊問何如)
송경십재반환밀(松經十載蟠還密)   오장삼춘산갱소(梧長三春散更疎)
평야극천우제과(平野極天虞帝過)   대강횡지하왕소(大江橫地夏王疏)
이래수월문공엄(邇來數月門空掩)   자한풍양말전제(自恨風恙未全除)

동고정(東皐亭)

스물셋. 충효재(忠孝齋)

지키고 섬기는 일
쇠북에 실려 날고

기리고 아끼는 맘
조아려 새기는데

띠 둘러 흐르는 가람
푸르름이 짙어라

1. 이의석(李義碩)
• 이의석(李義碩)의 태어나고 돌아가신 때를 잘 알지 못한다. 조선조 초기에 살았던 사람이며, 단종 폐위 사건에 비분강개하여 초야에 묻혀서 올바른 뜻을 가지고 의롭게 생활하신 분이다.
• 이의석(李義碩)의 자는 의보(宜甫)이며, 본관은 전의(全義)이다. 수의부위(修義副尉)를 거쳐 홍주판관(洪州判官)을 역임할 때에, 단종의 위배(1455)를 듣고는 벼슬을 물러나 악부(岳父, 장인) 정효전(鄭孝全) 등과 단종 복위를 계획하다가 장성으로 귀양갔다. 후에 사면되어 청주(淸州) 곡수(曲水)에서 살았다.
• 청주 곡수에서 살면서 학문에 전념하였고, 후학지도에 힘썼으며, 사라져가는 향약(鄕約)을 바로 세워 지켰다.

• 쇠북 : 큰소리로 널리 알리는 것. 충효를 널리 펴는 일.
• 가람 : 강(江)의 우리말. 금강(錦江)을 일컬음.
• 참고자료 : 한가락 시조집 11권(2001년).

2. 충효재(忠孝齋)

• 충효재(忠孝齋)는 충청북도 청원군 오창면 양지리에 있고, 단종(端宗) 때의 충신 이의석(李義碩)을 추모하는 곳이다. 정면 5칸, 측면 2칸으로 모두가 방으로 만들어졌다. 약간의 마루도 있으며, 팔작기와지붕으로 최근에 건축되었다. 나무기둥 14개가 지붕을 지탱하는데, 압록강 백두산 자락에서 자란 적송(赤松)이란다.

• 대문을 인경문이라고 현판을 달았으며, 대문을 들어서면 오른쪽에 이유당(怡愉堂)이 있다. 왼쪽에는 큰 비석이 두 개가 있는데, 9자 높이에 너비 3자 폭이 2자이다. 홍찬유(洪贊裕)님의 비문과 채문식(蔡文植)님의 찬사(讚辭)를 무인년 11월 21일에 세웠다.

• 재실 뒤에는 작강문(鵲工門)이 있고, 목양사(鶩陽祠) 건물이 있는데, 4대 선조의 위패를 모시고 있다. 곡수서원(曲水書院)에 배향되었다.

• 은행나무가 세 그루 있는데, 수령이 500년을 넘는다고 한다.

• 산소는 노령산(鷺嶺山) 해좌지원(亥坐之原)에 있으며, 비석과 봉분이 잘 정리되었다.

충효재(忠孝齋)

스물넷. 피세정(避世亭)

티끌에 젖은 누리
모두 다 털어 내고

느티골 숨어 들어
뒷 날을 생각하며

벗 삼는 젊은이들과
깎아 보는 저 들보

1. 조신(趙紳)
• 고려 충숙왕 11년(甲子, 1342)에 태어나고, 조선조 태종 2년(壬午, 1401)에 돌아가셨으니 향년 79세이다. 고려말의 충신으로 은거한 선비이다.
• 조신(趙紳)은 스스로 호를 피세(避世)라 하였고, 국자진사(國子進士)를 지냈다. 본관은 순창(淳昌)이다.
• 신조정이 들어선 후에 괴산 남쪽 학령 아래 오마산(五馬山)에 은둔하면서, 후세를 공부시키는데 힘을 기울였고, 찾아오는 사람을 예로써 맞이하였다고 한다.

2. 피세정(避世亭)
• 피세정(避世亭)은 충청북도 괴산군 문광면 광덕리 오마산에 있으며, 정면 3칸, 측면 2칸으로 팔작기와지붕으로 되어 있다. 바닥은 우물마루

• 티끌에 젖은 누리 : 고려말의 혼탁한 세상이라는 말.
• 느티골 : 괴산(槐山)을 우리말로 풀어 쓴 것.
• 참고자료 : 한가락 시조집 2권(1992년). 여말충의열전(麗末忠義列傳. 1994).

로 만들었으며, 난간이 있다.
- 피세정 입구에 칠충사(七忠祠)가 있는데, 조신(趙紳)과 후손을 기린다.
- 한시(漢詩) 7언 절구가 한 수 남겨져 있는데 승구(承句)만 전하고 있다.

　　春入西山尋古跡(춘입서산심고적)　　月從東海問高儀(월종동해문고의)

서산(西山)은 백이숙제가 충절을 지키기 위하여 들어가 살았다고 하는 산 이름이고, 동해(東海)라는 말은 제(齊)나라 노중련(魯仲連)이 절의(節義)를 지키기 위하여 동해(東海)바다로 숨었다는 옛날 중국의 이야기에서 비롯된 말이다.

피세정(避世亭)

충청남도 편

송곡사(松谷祠)	유방택(柳方澤)
충간묘(忠簡墓)	윤황(尹煌)
명탄서원(鳴灘書院)	이명성(李明誠)
정승묘(政丞墓)	임향(任向)
영모재(永慕齋)	지용기(池湧奇)

스물다섯. 송곡사(松谷祠)

더러움 멀리하고
거문고 벗 삼아서

오롯이 지킨 마음
해 달 별 셈하다가

솔골터 맑은 바람에
실어 보는 노래여

1. 유방택(柳方澤)
- 유방택(柳方澤)은 1339년 4월 15일(충숙왕 복위 7년)에 태어나서, 1401년 2월 5일(조선 태종 2년)에 세상을 떠났다. 고려말 충신(忠臣)이며, 은사(隱士)로 드물게 생몰(生沒) 날짜가 알려져 있다.
- 자(字)는 태보(兌甫)이며, 호는 금헌(琴軒), 본관은 서산(瑞山)이다. 금헌(琴軒)은 서주(지금의 瑞山郡) 구치산 아래 양리촌에서 태어났다.
- 호를 금헌(琴軒)이라고 한 것은 금(琴)이란 금(禁)과 같은 것이니, 사악함을 없앤다는 것이요, 헌(軒)이란 거문고를 즐기는 장소이니, 음악을 즐길 수 있어야 막힘을 제거하고 바른 마음을 가진다는 뜻이다.
- 1350년(공민왕 10년) 겨울, 홍건적이 침범하여 조정이 강화도에 피난을 갔는데, 강화도에 달력이 도착하지 않으니, 강화도에서 직접 달력을 만들었는데 조정에서 만든 달력과 조금도 틀림이 없었다고 한다. 이

- 솔골터 : 송곡사(松谷祠)를 우리말로 바꿈.
- 해달별 셈하다 : 유방택(柳方澤)이 주역(周易)에 능통하다는 뜻.
- 참고자료 : 한가락 시조집 4권(1994년). 여말충의열전(麗末忠義列傳. 1994).

일로 이학(理學)에 추천되었고 사천감 판사에 등용되었다.
• 임신변혁 후에 개성 취령산 아래 김포방에 자취를 감추고 산 정상에 단을 설치하여 날마다 눈물로 참배하였다.

2. 송곡사(松谷祠)
• 송곡사(松谷祠)는 충청남도 서산시 인지면 예정리에 있다. 원래는 송곡서원(松谷書院)으로 영조 29년에 건립되었다가, 대원군의 철폐령에 철폐되었고, 1910년 복원되었다.
• 사천감 판사를 역임하러 개성에 올라 왔다가, 바로 집에 내려가서 감군은(感君恩)이란 곡을 연주하였는데 지금은 전하지 않는다.
• 자녀를 3남 2녀를 두었는데, 장남 백유(伯濡)와 차남 백종(伯宗)은 고려에서 각각 집현전대제학과 검교사재부정을 지내다가 임신변혁 후에 두문불출하니, 두 사람을 각각 저정(樗亭)선생과 위촌(葦村)선생이라 존칭하였다. 또한 증손자 윤(潤)은 신조정에서 사마시에 올랐으나, 단종 폐위에 크게 실망하여 은둔하니 무동처사(楸洞處士)라는 호로 존칭하였다.
• 지금의 서산(瑞山)을 낙토서산(樂土瑞山), 또는 서곡청풍(瑞谷清風)이라고도 부르는데 이것은 유방택(柳方澤)의 집안에서 유래된다고 한다.

송곡사(松谷祠)

스물여섯. 충간묘(忠簡墓)

옛 벗이　찾는다만
반길 맘　마뜩찮다

푸른 솔　품에 안고
짐꾸려　떠나는 길

새뜻한　하늬바람이
길라잡이　앞서다

1. 윤황(尹瑝)
• 태어나고 돌아가신 때를 알지 못한다. 고려말(高麗末) 불사이군(不事二君)의 충절(忠節)을 지켜 송악산(松嶽山)에 들어간 두문동(杜門洞) 72현의 한 분이시다.
• 휘(諱)는 황(瑝)이고, 호(號)는 후송(後松)이며, 시호(諡號)는 충간(忠簡)이다. 관향(貫鄕)은 남원(南原)이다. 원래는 파평(坡平)인데, 윤신달(尹莘達)의 8세 후손인 중시조 윤위(尹威)가 1176년 남원에서 복기남의 반란을 평정하고 식읍으로 봉해지면서 분적되었다.
• 윤황(尹瑝)은 일찍 등과하여 고려말엽에 문하평리(門下評理) 공조전서(工曹典書)에 올랐다.(혹은 예조전서-禮曹典書라고도 한다.)

• 옛 벗 : 조선조 태종(太宗)이 등극하기 전에 함께 공부한 사이였음.
• 마뜩찮다 : 행동이나 생각이 마음에 들지 아니하다.
• 하늬바람 : 서쪽 또는 서남쪽에서 부는 바람.
• 길라잡이 : 길잡이.
• 참고자료 : 한가락 시조집 18권(2008년). 여말충의열전(麗末忠義列傳. 1994).

- 임신변혁(壬申變革) 후에 두문수절(杜門守節)하니, 후에 태종(太宗)께서 옥백(玉帛)을 들고 찾았으나 예만 갖추고 절하지 아니했다.(長揖不拜)
- 윤황(尹璜)은 개성을 떠나 당진으로 옮긴 후에 조석으로 북향하여 절하고, 솔과 매화를 벗삼아 살았다. 죽은 뒤에 임금이 술객(術客)을 보내어 당진(唐津) 공정산(公井山) 간좌곤향(艮坐坤向)에 예장하도록 하였다.

2. 충간묘(忠簡墓)

- 충간묘는 충청남도(忠淸南道) 당진읍(唐津邑) 시곡리(柿谷里)에 있으며, 윤황(尹璜)의 산소이다. 맨 아래에 단이 설치되고, 맨 위에는 아버지 윤수균(尹守均)의 단이 있다.
- 윤황(尹璜)의 정절은 야은(冶隱) 길재(吉再)와 같이 칭송하며, 호서(湖西)의 유생들의 공의(公議)로 조선 정조 21년(1797년)에 서산(瑞山) 송곡서원(松谷書院)에 제향되었으며, 이듬해에 충간(忠簡)이라는 시호(諡號)를 내렸다.
- 서해대교에 있는 행담도(行談島)는 1868년 대원군의 부친인 남연군의 묘소를 도굴한, 유태계 독일인 오페르트가 상륙한 곳이다. 이 때 조선의 천주교인 몇 명이 안내자가 되었는데, 대원군의 천주교 박해와 쇄국정책의 빌미가 된 곳이다.

충간묘(忠簡墓)

스물일곱. 명탄서원(鳴灘書院)

　　　달빛에　젖은 솔이
　　　출렁이는　소리여울

　　　풋새벽　길 떠난 벗
　　　그리워　서성이다

　　　들레는　갈바람 소리
　　　문설주에　기대다

1. 이명성(李明誠)
• 태어나고 돌아가신 때는 알 수 없다. 고려말(高麗末) 불사이군(不事二君)의 충절을 지킨 두문동(杜門洞) 72현의 한 분이시다.
• 휘(諱)는 명성(明誠)이고, 자(字)는 경장(敬章)이며, 호(號)는 송은(松隱), 시호(諡號)는 문성(文成), 본관(本貫)은 공주(公州)이다.
• 이명성(李明誠)은 고려말 친동생 사봉(沙峰) 이명덕(李明德)과 더불어 목은(牧隱) 이색(李穡)의 문하(門下)에서 수학하였다.
• 이명성(李明誠)은 고려의 운이 기울자 정몽주(鄭夢周)와 만월대 아래에서 작별하고, 이천(伊川)의 산속에 은거하였으며, 신조정의 부름에 응하지 않았다. 동지들과의 이별에 대한 감회를 적은 시가 있다.

　　　조별부조현(朝別不朝峴)　　제현하소지(諸賢何所之)
　　　단침유경경(丹忱由耿耿)　　애원결사사(哀怨結絲絲)

• 소리여울 : 명탄(鳴灘)의 이름을 우리말로 풀어씀.
• 들레다 : 야단스럽게 떠들다.
• 갈바람 : 서풍 또는 서남풍.
• 참고자료 : 한가락 시조집 18권(2008년). 여말충의열전(麗末忠義列傳. 1994).

야색귀운습(夜色歸雲濕)　　소등어몽지(疎燈旅夢遲)
　　막론충열사(莫論忠烈士)　　의출사생기(義出死生期)

2. 명탄서원(鳴灘書院)

• 명탄서원(鳴灘書院)은 충청남도(忠淸南道) 공주시(公州市) 장기면 월송동(月松洞)에 있으며, 형인 고려말 충신 이명성(李明誠)과, 조선조에서 4대왕을 섬기면서 우의정에 오른 동생 이명덕(李明德)을 제향(祭享)하는 곳이다. 원래는 성종 때 사액받아서 충절사(忠節祠)라고 했으며, 명탄(鳴灘)에 건립했다고 명탄서원(鳴灘書院)이라고 한다.

• 문화재 자료 70호인 충절사(忠節祠)는 1956년에 다시 세웠다. 정면 3칸, 측면 3칸의 맞배지붕과 익공식 양식으로 삼문과 담장으로 구성되며, 삼문의 오른쪽에 묘정비, 강당, 고직사가 있다. 강당은 1998년에 신축하였다.

• 충절사에는 이명성과 이명덕의 커다란 영정이 보관되어 있다. 동생인 이명덕(李明德, 1373~1444)은 생몰연대가 뚜렷하고, 산소까지 전해지지만, 형 이명성(李明誠)은 고려말 충신으로만 알려지고 있다.

• 충절사의 기둥에 주련시가 있다.

　　도명천지이현공(道明天地二賢公)　　형제각전의리중(兄弟各全義理中)
　　송은청풍노고절(松隱淸風老孤節)　　사봉호월헌단충(沙峰皓月獻丹忠)

명탄서원(鳴灘書院)

스물여덟. 정승묘(政丞墓)

쪽물가 대숲섬에
길손이 찾아 들어

사립문 여민 한압
새 이름 불러 주니

반가워 병근 가슴에
봄이 먼저 물들다

1. 임향(任向)
- 태어나고 돌아가신 때를 잘 알 수 없다. 고려말(高麗末) 불사이군(不事二君)의 의절신(義節臣)이다.
- 휘(諱)가 향(向)이다. 처음에는 향(珦)이었는데, 조선조 문종의 휘(諱)가 향(珦)이어서 향(向)으로 바꿨다. 벼슬을 별칭으로 불러서 정승공(政丞公)이라고 하며, 본관(本貫)은 풍천(豊川)이다.
- 임향(任向)은 호(號)가 없어서 한가락 모임에서 남은(藍隱)이라는 호를 짓고 고유제(告由祭)를 지냈다. 남포(藍浦)로 유배(流配)되었지만 올바른 정신을 지킨 사람이라는 뜻이다.
- 임신변혁(壬申變革) 후에 신조정에 협조하지 않고 남포현(藍浦縣) 웅치

- 쪽물가 : 남포(藍浦)를 우리말로 풀어씀.
- 대숲섬 : 죽도(竹島)의 섬이름을 우리말로 풀어씀.
- 한압 : 할아버지의 또 다른 단어.
- 새 이름 불러 주니 : 남은(藍隱)이라는 호(號)로 고유제(告由祭)를 지낸 것.
- 참고자료 : 한가락 시조집 17권(2007년). 여말충의열전(麗末忠義列傳. 1994).

하(熊峙下)에 있는 주산면(珠山面) 동오리(東五里) 오상동(五相洞)에 은거(隱居)하면서 시서(詩書)로 여생을 마쳤다.
• 임향(任向)의 아들 임안길(任安吉)과 손자 임준(任俊)도 신조정의 부름을 물리치고 절개를 지킨 것으로, 3대절문(三代節門)으로 널리 칭송을 받는다.

2. 임정승묘(任政丞墓)
• 정승묘는 충청남도(忠淸南道) 보령시(保寧市) 웅천읍(熊川邑) 평리(坪里)에 있는 동막산(東幕山) 염주봉(念主峰) 아래 묘좌지원(卯坐之原)에 있다. 염주봉(念主峰)을 넘으면 한국 수자원공사에서 만든 보령댐이 있다.
• 임향(任向)의 5대 후손(五代後孫)에 임응규(任應奎)가 있다. 덕이 높은 승려(僧侶)로 호(號)는 사명당(泗溟堂, 四溟堂)이고, 법명(法名)은 유정(惟政)이다. 묘향산에서 휴정(休政-西山大師)의 법통을 이었다. 사명당(泗溟堂)은 상동암(上東菴)에서 소나기를 맞고 떨어지는 꽃잎을 보고 무상(無常)을 깨닫고 문도(門徒)들을 해산하고 홀로 참선에 들었다.
• 임진왜란(壬辰倭亂) 때에 승병(僧兵)을 모집하여 휴정(休政, 서산대사)의 휘하에서 승군도통섭(僧軍都統攝)이 되어 연승의 공을 세웠고, 일본에 가서 3,500명의 포로를 데려온 것으로 명성이 높다. 지금 대천고등학교의 교정에 기념비가 서있다.

임정승묘(任政丞墓)

스물아홉. 영모재(永慕齋)

섬사람 물리칠 때
살촉이 두렵겠나

바닷가 이곳 저곳
야물게 지켰는데

그래도 아쉬움 남아
무지개가 하얗다

1. 지용기(池湧奇)
- 고려 충숙왕(忠肅王) 17년(庚午-1310)에 태어났다고하나 확실하지 않으며, 신조정 원년(壬申-1392)에 돌아가셨다. 고려말(高麗末) 절의충신(節義忠臣)이며 용맹스런 장군이었다.
- 휘(諱)는 용기(湧奇)이며, 호는 의재(毅齋)이고, 본관(本貫)은 충주(忠州)이다. 후에 충의군(忠義君)의 칭호를 얻고, 충원부원군(忠原府院君)에 봉해졌다.
- 지용기(池湧奇)는 여러 벼슬을 거쳐 공민왕(恭愍王) 때에 판삼사사(判三司事)에 올랐다. 당시에 왜구의 침투가 잦았는데, 지용기(池湧奇)는 장흥, 반남현 등에서 크게 승리하였으며, 전투에서 화살에 맞기도 하였다. 사근내역(沙斤乃驛) 전투에서는 패하여 파직되기도 하였다. 요동정벌(遼東征伐)에도 참여하여 큰 공을 세웠다.
- 이성계(李成桂)의 패권(覇權) 의도를 명(明)나라에 고발하여 제거하고

- 섬사람 : 왜구의 침투.
- 무지개가 하얗다 : 지용기(池湧奇)의 장렬한 순절(殉節).
- 참고자료 : 한가락 시조집 17권(2007년). 여말충의열전(麗末忠義列傳. 1994).

자 한 윤이(尹彝), 이초(李初)의 옥사(獄事)에 연루된, 김종연(金宗衍)의 당인(黨人)으로 지목되어 삼척으로 유배되고 가산을 적몰(籍沒) 당하였다.
• 지용기(池湧奇)는 삼척에 유배되었다가 면천(沔川)에 이배(移配)되었는데, 포은(圃隱) 정몽주(鄭夢周)의 참화(慘禍) 소식을 듣고 13일동안 아무것도 먹지 않고 항거하다가 순절(殉節)하였다고 한다.

2. 영모재(永慕齋)

• 영모재는 충청남도 아산시 인주면 금성리(金城里)에 있으며, 지용기(池湧奇)의 절개를 기리는 재실이다. 아산만 곡교천 근처에 있는 두례봉(頭禮峰) 기슭에 남향으로 지었으며, 정면 5칸, 측면 2칸의 팔작기와지붕으로 주심포 기둥에 겹처마로 최근에(2000년) 건축하였다.
• 재실(齋室) 내부는 매우 특이하다. 7위의 감실을 모시는 곳의 천정은 닷집이 화려하게 올려졌고, 기단은 정면 4칸, 측면 2칸으로 각각의 칸에는 여러 문양이 양각으로 조각되었다. 기단 높이는 석자 정도이다.
• 산소는 당진군 합덕읍 석우리에 있으며, 마을에서는 지정승산소(池政丞山所)라고 부른다. 망주석과 선비상이 쌍으로 서 있고, 상석이 2개 있으며, 묘는 원분(圓墳)이고, 호석으로 둘레를 감싸고 있다.
• 지용기(池湧奇)가 세상을 떠나는 날 누런 안개와 뇌성과 폭우가 진동하고 하얀 무지개가 개성 방향으로 드리워 옮겨 갔다고 한다.

영모재(永慕齋)

전라북도 편

반곡서원(泮谷書院)	국유(鞠襦)
취석정(醉石亭)	김경희(金景熹)
숭의재(崇義齋)	백장(白莊)
수선루(睡仙樓)	송진유(宋眞儒)
귀래정(歸來亭)	신말주(申末舟)
영모정(永慕亭)	신의련(愼義連)
향보재(享保齋)	양우(梁祐)
금남재(錦南齋)	오상덕(吳尙德)
강창각(江昌閣)	전문식(全文軾)
미남재(嵋南齋)	조영(趙瑛)

서른. 반곡서원(泮谷書院)

그 재를   넘는다고
풀집을   태우는가

불타는   아픔일랑
가슴에   새겼다가

붉은 해   솟아 오르면
한달음에   맞는다

1. 국유(鞠襦)
• 1324년에 태어났고, 돌아가신 때는 알 수 없지만, 두문동(杜門洞)의 마을과 집을 불 태울 때에 피하지 않고, 그 자리에서 불에 타 죽었다고 한다. 이른 바 살신성인(殺身成仁)으로 절개(節介)를 지킨 여말 충신(麗末忠臣)이며, 두문동 72현의 한 분이시다.
• 휘(諱)는 유(襦)이며, 자(字)는 경덕(敬德)이고, 호(號)는 복애(伏崖), 본관(本貫)은 담양(潭陽)이다.
• 익제(益齊) 이제현(李齊賢)의 문하(門下)에서 학문하였다. 공민왕 18년(1369)에 탐라(耽羅)에서 목호란(牧胡亂)이 일어나자, 도통사(都統使) 최영(崔瑩)을 따라 부통사(副統使)가 되어 난(亂)을 평정하고 제주(濟州)를 세웠

────────────

• 재 : 만수산 두문동으로 들어가는 이현(梨峴). 후에는 부조현(不朝峴), 괘관현(掛冠峴)이라고 부름.
• 풀집을 태우다 : 두문동을 섶으로 쌓고 불을 질러 고려조 사람들을 태우거나 몰아냄.
• 참고자료 : 한가락 시조집 17권(2007년). 여말충의열전(麗末忠義列傳. 1994).

고, 곡주(谷州)에서 병란(兵亂)을 평정하여 전공(戰功)을 세웠다.
• 임신변혁(壬申變革)에 신조정에서 예조판서(禮曹判書)를 제수했으나 거절하고 무송도(撫松圖)를 그리고, 무송도시(撫松圖詩)를 지어 부르면서 두문동에서 불에 타 순절(殉節)하였다. 그 때의 무송도시(撫松圖詩)가 전하고 있다.

　　지시송경아애송(地是松京我愛松)　　자조자소대부봉(自嘲自笑大夫封)
　　수제도상조조루(誰洗圖床早早淚)　　황화만목정동동(黃花滿目正憧憧)

2. 반곡서원(泮谷書院)

• 반곡서원은 전라북도(全羅北道) 완주군(完州郡) 비봉면(飛鳳面) 수선리(水仙里)에 있으며, 국유(鞠𧩭)를 배향(配享)하는 곳이다. 여러 채의 건물이 있고, 외삼문(外三門)과 내삼문(內三門)으로 건물을 구분하고 있다.
• 내삼문(內三門)을 지나면 반곡사(泮谷祠)가 있고, 4위의 위패를 모시고 있다.
• 반곡서원 앞 마을을 산정(山亭)마을 혹은 산정리(山亭里)라고 부르며, 서원이 있는 곳을 반곡동(泮谷洞) 또는 영정동(影幀洞)이라고 부른다. 서원 뒷산은 화산(華山)이라고 부른다. 영정동(影幀洞)이라는 말은 광해조에 중국에서 공자(孔子)의 영정을 구해, 집을 짓고 설치했다는 것이다.

반곡서원(泮谷書院)

서른하나. 취석정(醉石亭)

술에야　게웠겠나
손가락　자른 마음

일곱 돌　그 알짜가
듬직히　놓여 있고

울 넘어　담쟁이 덩굴
시새움에　푸르다

1. 김경희(金景熹)
- 중종 10년(乙亥, 1515) 4월 6일에 태어나고, 선조 8년(乙亥, 1575)3월 4일에 세상을 떠났으니, 향년 61세이다. 조선 중기의 은둔처사로 효행과 덕망이 지극한 인물이다.
- 자는 용회(用晦)이고, 호는 노계(蘆溪)이며, 본관은 광산(光山)이다.
- 김경희(金景熹)는 20세에 과거에 응시했으나 낙방하고 향리에 은거하였다. 지극한 효성으로 광릉(世祖陵) 참봉으로 봉했으나 거절하였다. 손가락을 잘라서 피를 봉양한 일이나, 지극한 여막살이가 후세 사람들에게 칭송되었다.

2. 취석정(醉石亭)
- 취석정은 전라북도 고창군 고창읍 화산리에 있으며, 김경희(金景熹)

- 게우다 : 넘쳐서 지나치다.
- 알짜 : 여럿 중에서 가장 중요하거나 훌륭한 물건.
- 울 : 울타리의 준말.
- 참고자료 : 한가락 시조집 3권(1993년).

가 지은 정자이다. 정자는 12개의 나무기둥이 받치고, 가로와 세로가 세 칸씩이며, 가운데는 온돌방으로 만들었다. 지붕은 팔작기와지붕이며, 돌담으로 되었고, 마당에는 느티나무와 멍석만한 돌이 10여 개 놓여 있다. 특히 취석정(醉石亭)은 논 가운데 건축되어 있는 것이 유별나다.
- 취석(醉石)이란 이름은 중국의 도연명이 술에 취하면 집앞 돌위에서 잠들었다는 고사에서 비롯되는 이름으로 욕심없이 한가롭게 생활한다는 뜻이다.
- 개울 건너에 김경희(金景憙)의 재실이 있고, 재실 뒤에 산소가 있는데, 숙호형국(宿虎形局-호랑이가 잠자는 모습)이라고 한다.
- 취석정(醉石亭)에는 한자로 쓴 큰 글자가 바위 위에 음각되어 있다.
- 고창은 신재효(申在孝)의 고향이다. 순조 12년(1812)에 태어나고 고종 21년(1884)에 돌아가셨다. 판소리 연구에 전심하여 종래에 계통이 없던 판소리를 통일하여 춘향가, 심청가, 박타령, 가루지기타령, 토끼타령, 적벽가 등 여섯마당으로 체계를 세웠다. 그 문하에는 김세종, 정춘풍, 채선, 허금 등의 명창이 있었다.

취석정(醉石亭)

서른둘. 숭의재(崇義齋)

꿩뫼에 올라 서면
가슴에 솟는 눈물

벼슬로 찾는다만
차라리 멀리 떠나

솔내음 감싸일 때만
꿈길인 양 기다려

1. 백장(白莊)
- 1339년(충숙왕 복위8년)에 태어나고, 1411년(신조정 20년)에 돌아가셨다.(73세) 고려말의 절의충신(節義忠臣)이며, 은사(隱士)이다.
- 자는 명윤(明允), 호는 정신재(靜愼齋)이며, 시호는 충숙(忠肅), 본관은 수원(水原)이다.
- 포은(圃隱) 정몽주(鄭夢周)에게서 성리학을 공부하고, 16살에 진사, 25살에 원나라의 과거에 올라 한림시독학사(翰林侍讀學士)가 되었고, 공민왕 때에 여러 벼슬을 거쳐 보문각 대제학(寶門閣大提學)에 올랐다.
- 임신변혁(壬申變革)에 곧은 마음을 간직하고 원주 치악산 중관문에 들어갔다. 후에 신조정에서 여러 벼슬로 불렀으나 응하지 않으니, 해미(海美)로 귀양보냈다가 다시 장수현으로 귀양보냈다. 장수현에서 마침 귀양온 방촌(厖村) 황희(黃喜)을 만나 긴밀한 교우관계를 맺었다.

- 솔내음 : 소나무 향기. 개성 송도에 대한 그리움.
- 꿩뫼 : 치악산(稚岳山)의 우리말 이름. 원주시의 진산(鎭山)
- 참고자료 : 한가락 시조집 8권(1998년). 여말충의열전(麗末忠義列傳. 1994).

• 방촌(厖村) 황희(黃喜)에게 신조정에 참여하여 시국을 정비할 것을 권하는 시가 전한다.

    하사비군우유윤(何事非君又有尹)   생봉요순시창진(生逢堯舜是昌辰)
    춘래독취미화로(春來獨取薇花露)   배피서산아사신(配彼西山餓死神)

2. 숭의재(崇義齋)

• 숭의재(崇義齋)는 전라북도 장수군 계내면 금덕리에 있으며, 백장(白莊)을 추모하는 곳이다. 정면 4칸, 측면 2칸의 방과 마루로 되었고, 팔작지붕이고, 주련이 걸려 있다.

• 임종 전에 황희(黃喜)가 찾아 갔더니, 방안에서 노래소리만 들리고 백장(白莊)의 모습이 보이지 않아서 이상하게 여겼더니, 과연 며칠 후에 세상을 떠났다고 한다.

• 산소는 장수군 장계면 황곡리에 있다. 호석으로 간수하고, 비석, 향촉대, 상석이 있다.

• 근처에 월강서원(月岡書院)이 있어서, 백장(白莊) 외에 여섯 명의 위패를 배향한다.

숭의재(崇義齋)

서른셋. 수선루(睡仙樓)

칡덩굴　얽힌 곳에
조는 듯　숨은 다락

해오리　지날 적에
어쩌면　못 찾을까

옹달샘　맑은 물 흘러
길을 일러　주는가

1. 송진유(宋眞儒), 송명유(宋明儒), 송철유(宋哲儒), 송서유(宋瑞儒)
• 조선조 인조 중기에 태어나서 70여세를 함께 살다가 세상을 떠난 분들이다. 시와 그림을 사랑하고 효(孝)를 실천하신 선비들이다. 백진(伯珍)은 송진유(宋眞儒)의 자(字), 중진(仲珍)은 송명유(宋明儒)의 자(字), 숙진(叔珍)은 송철유(宋哲儒)의 자(字), 계진(季珍)은 송서유(宋瑞儒)의 자(字)이다.
• 자(字)라는 것은 본 이름 외에 부르는 이름이다. 흔히 혼례를 치른 후에 본 이름 대신에 부르는 이름이다. 자(字)에서 백중숙계(伯仲叔季)는 형제의 차례를 나타내는 순서이다.
• 9대조 보산(寶山)이 단종양위 사건에 벼슬을 버리고 이곳에 내려와 살면서, 벼슬에 나가지 말고 과거에 응시하지 말라는 유언을 남겨서 가훈으로 지켰으며 오직 효도와 형제우애를 생활의 근본으로 삼았다.

• 해오리 : 해오라비. 백로(白鷺). 맑고 깨끗함.
• 참고자료 : 한가락 시조집 4권(1994년).

2. 수선루(睡仙樓)

• 수선루(睡仙樓)는 전라북도 진안군 마령면 강정리에 있으며, 4 형제가 선조의 낙향한 뜻을 이으면서 깨끗한 모습으로 살아가기 위하여 지은 정자이다.

• 수선루(睡仙樓)는 커다란 바위 아래에 누각을 세운 형태이며, 출입구의 문을 잠그면 들어갈 곳이 없다. 정면 3칸이며, 한 쪽 끝은 바위가 곧 지붕이 된다. 바위 안 쪽에서는 작은 옹달샘이 있어서 맑은 물이 흘러 나온다. 큰 길에서는 쉽게 찾지 못할 만큼 바위와 잘 어울리게 지은 정자이다.

수선루(睡仙樓)

서른넷. 귀래정(歸來亭)

티끌을　멀리하니
마음이　가벼웁고

마뫼로　돌아드니
늘 푸른　이 언덕에

오늘은　노오란 봄이
수줍은 듯　머물다

1. 신말주(申末舟)
• 세종(世宗) 12년(己酉, 1429)에 태어나서 연산군(燕山君) 9년(癸亥, 1504)에 돌아가셨으니 향년 75세이다. 조선조 초기의 선비요, 충직한 신하였으나, 단종 폐위에 순창으로 내려와 여생을 마치었다. 보한제(保閑齊) 신숙주(申叔舟)의 동생이다.
• 자는 자집(子緝)이며, 호는 귀래(歸來)이고, 본관은 고령(高靈)이다.
• 조선전기 문신, 대사간, 전주부윤을 거쳐 진주목사, 전라도 수군절도사를 지냈으며, 무술에 능하였다. 순창의 화산서원에 제향되었다.
• 신말주(申末舟)는 십노계첩(十老契帖)이란 시화첩을 남겼는데, 내용은 동료 10여 명이 계를 만든 연유와 목적 등을 쓰고 각각 희학적이면서 계훈적인 글을 적고 그림을 그린 두루마리이다.

• 마뫼 : 남쪽에 있는 산.
• 참고자료 : 한가락 시조집 5권(1995년).

2. 귀래정(歸來亭)

- 귀래정(歸來亭)은 전라북도 순창군 순창읍 가남리에 있으며 신말주(申末舟)가 여생을 보내기 위하여 지은 정자이다. 정면 3칸, 측면 2칸으로 마루로 되어 있으며, 팔작기와지붕이다. 기단을 높게 하고 주춧돌을 놓고, 기둥을 세웠으며, 가운데에 네모난 방을 만들어 회벽을 쌓고 장지문을 달았다.

- 귀래정(歸來亭)의 편액(扁額)은, 호를 사가정(四佳亭)으로 쓰는, 서거정(徐居正)이 쓴 것이다.

- 신말주(申末舟)의 부인 설(薛)씨를 기리는 충서당(忠恕堂)이 1990년에 신축되었다. 그 곳에는 보물 제728호인 권선문첩(勸善文帖)이 보관되었다. 16폭의 절첩으로 그 중 14폭은 권선문(勸善文)이고, 2폭은 사찰의 채색도가 그려졌으며, 성화(成化)18년(1482)정부인 설(薛)씨의 인장이 찍혀 있다. 여류의 필화(筆畵)로는 가장 오래된 것이다.

- 귀래정(歸來亭) 옆에 여암(旅庵) 신경준(申景濬, 1712-1781)의 소개비가 있다. 신경준(申景濬)은 한글 발전에 공이 크고, 팔도지도(八道地圖)와 동국여지도(東國輿地圖)를 완성하여 지리학 발전에도 공이 크다(문화재 자료 67호).

귀래정(歸來亭)

서른다섯. 영모정(永慕亭)

아비를　고인 마음
불길을　넘나들고

섬사람　물리침이
큰 자랑　되었구나

끝없이　이어져가라
온누리를　밝혀라

1. 신의련(愼義連)
• 명종 원년 병오(丙午, 1545)에 태어나고 돌아가신 때는 알지 못한다. 조선조 임진왜란을 전후하여 효행과 바른 생활태도로 많은 사람의 모범이 되었다.
• 신의련(愼義連)의 호는 미계(美溪)요, 본관은 거창(居昌)이다.
• 하루는 아버지께서 병을 얻어 신음 중에 꿩을 먹고 싶다고 하니, 신의련(愼義連)이 마당에서 걱정하고 있을 때, 꿩이 날아와서 마당에 떨어져 병환을 치료하였다고 한다.
• 왜구가 침입하여 아버지를 죽이려 하자, 신의련(愼義連)이 대신하여 죽겠다고 하니, 그러면 이름 석자라도 쓰고 죽으라고 하여 이름을 쓰고 종이를 태우는데, 이름 석자는 타지 않아서 왜구들이 놀라서 살려 주었다고 한다.

• 고이다 : 괴다. 특별히 사랑하고 아끼다.
• 온누리 : 모든 세상.
• 참고자료 : 한가락 시조집 3권(1993년).

2. 영모정(永慕亭)

- 영모정(永慕亭)은 전라북도 진안군 백운면 노촌리에 있다. 규모는 매우 작고 언덕에 있어서 기둥을 세워 지었다. 정사각형이고 특이하게도 돌기와지붕을 사각으로 만들었다. 안으로 기둥이 13개가 있다.
- 주위에는 큰 길이 있고, 옆으로 개울이 흐르고, 오래된 느티나무, 굴참나무, 물버들 등이 자라고 있다.
- 영모정(永慕亭)에서 가까운 곳에 미룡정(美龍亭)이 있는데, 미계공의 12대 손인 태범(太範)이 세운 정자라고 한다.
- 임진왜란 때에 덕산 골짜기에 피난온 주민 5만 여명이 숨었는데, 왜군 장수가 효자마을이니 침탈하지 못하게 하여 무사한 일이 있어서, 5만동(五萬洞)이란 이름이 있다.

영모정(永慕亭)

서른여섯. 향보재(享保齋)

두 입술 꾹 다물고
잔웃음 감췄더니

무지개 일곱 빛깔
비치던 하루 밤낮

이제는 말하려는가
설레이는 뫼울림

1. 양우(梁祐)
• 태어난 때는 잘 알지 못하고, 신조정 5년(丙子, 1396)에 돌아가셨다. 고려말의 충직한 신하요, 절개를 곧게 지켜 망국의 한을 품에 품고 살아가신 인물이다.
• 자가 구인(求仁)이고, 호는 용강거사(龍崗居士), 또는 묵옹(默翁), 묵재(墨齋)이며, 본관은 남원(南原)이다.
• 고려 충숙왕 때에 급제하여 벼슬이 봉익대부판도판서(奉翊大夫版圖判書)에 올랐으나, 고려의 국운이 기울자, 고향인 남원으로 내려와, 교룡산(蛟龍山) 아래에 은둔하면서, 낮에는 하늘을 보지 않고, 밤에는 옷을 벗지 않고 항상 긴장하면서 살았다고 한다. 돌아가시는 날은 무지개가 하루 종일 비치고, 교룡산에서 큰 소리가 울렸다고 한다.
• 향보(享保)라는 말은 조상을 먼저 받들어 모시고(享), 자손들의 안위를 돌보아 준다는(保) 뜻이다. 양우(梁祐)의 호가 묵옹(默翁)인 것은 평소 생

• 참고자료 : 한가락 시조집 10권(2000년). 여말충의열전(麗末忠義列傳. 1994).

활에서 웃지도 않고, 말도 하지 않았다는 것이다.

2. 향보재(享保齋)

- 향보재(享保齋)는 전라북도 남원시 송동면 송상리에 있으며, 양우(梁祐)를 추모하는 곳이다. 정면 3칸, 측면 3칸이며, 측면 1칸이 방으로 꾸며졌고, 마루청이 매우 넓은 형태이다. 원래 재실은 1632년에 건축되었으나, 해방 후에 이곳에 신축되었단다.
- 산소는 재실 옆에 있는데, 옥토망월형국(玉兎望月形局)이란다. 재실 방문에 토끼그림이 12개가 있는데, 산소 형국에 기인한 것이다. 둥근 기둥에는 덕행일대표준(德行一代標準), 충의만고강상(忠義萬古綱常)이라는 주련이 걸려 있다.
- 문치(文峙)마을은 행정명이 송상리(松常里)이며, 문오리(文五里)라고도 하는데, 양(梁)씨가 12대째 살고 있는 곳이다. 마을 입구에는 문현정(文賢亭)이라는 정자가 서 있다.
- 남원에는 광한루(廣寒樓)가 있다(보물 281호). 광한루는 1419년 황희 정승이 건립하면서 광통루(廣通樓)라 불렀는데, 세종 16년(1434)에 중건하면서 정인지가 광한루(廣寒樓)로 개칭하였다. 옥황상제가 계시는 하늘을 광한청허지부(廣寒清虛之府)라 한데서 유래한 이름이다.

향보재(享保齋)

서른일곱. 금남재(錦南齋)

떳떳한　한 마음을
가려서　움켰다가

파아란　움 돋을 때
하나둘　일러두고

따스한　묏기슭 자락
지켜 보며　머물다

---

1. 오상덕(吳尙德)

• 공민왕(恭愍王) 8년(己亥, 1358)에 태어났고, 신조정 29년(庚子, 1420)에 돌아가셨으니, 향년 62세이다. 다른 기록에는 을해(乙亥, 1338)로 말하기도 하지만 잘못이다. 고려말의 큰 유학자로 예절에 극진하며, 권력이 남용되는 것을 보고, 세속에 물들지 않으려고 낙향하였으며, 후에 김수은(金樹隱)과 함께 은거하였다.
• 자를 유호(攸好)라 하고, 호를 두암(杜菴)이라 부르며, 후에 시호(諡號)를 문충(文忠)으로 받았다. 본관은 함양(咸陽)이다.
• 당시에 상제(喪制)가 문란하여 백일(百日)동안 상복을 입기를 주장하였다. 그러나 오상덕(吳尙德)은 유교식 장례를 주장하여, 부모 여묘(廬墓)살이 6년을 지냈다.
• 후학 양성에 극진하여 학교(學校)를 세워 생도들을 지도하였다. 학교(學校)는 현재의 중학교(中學校)에 해당된다.

• 참고자료 : 한가락 시조집 10권(2000년). 여말충의열전(麗末忠義列傳. 1994).

2. 금남재(錦南齋)

- 금남재(錦南齋)는 전라북도 남원시 노암동에 있으며, 오상덕(吳尙德)을 추모하는 곳이다. 건물은 드물게 보는 네모난 형태이다. 원래는 1469년 오상덕(吳尙德)의 장손인 금남공(錦南公) 오응(吳應)이 건립하여 금남당(錦南堂)이라고 부르다가 후손들이 선조 봉향의 집으로 사용하면서 금남재(錦南齋)라 개칭하였다.
- 금남재 뒤 언덕에는 오상덕(吳尙德)을 모신 술산사(述山祠)와 단묘(壇墓)가 있다.

금남재(錦南齋)

서른여덟. 강창각(江昌閣)

먹줄로　그어준 길
올바른　잣대여서

두 아들　두 며느리
올곧게　걸은 길에

뒤찾은　외로운 길손
서성대며　머물다

---

1. 전문식(全文軾)
• 태어나고 돌아가신 때를 알지 못한다. 고려말의 절의충신(節義忠臣)이다.
• 호는 도은(都隱)이며, 본관은 천안(天安)이다.
• 고려말 공민왕 때에, 목은(牧隱) 이색(李穡)이 성균관을 시작할 때에 학관들 중에서 제주(祭主)로 뽑았다. 곧은 충절과 효(孝)정신으로, 후손에게 모범이 되었고, 학문에 힘쓰도록 간절하게 독려한 선비였다.
• 전문식(全文軾)은 고려말에 여러 벼슬을 거쳐서 상서사(尙書事)로 농암(籠巖) 김주(金澍)와 중국 명(明)나라에 사신으로 갔을 때에 임신변혁(壬申變革,1392)을 당하여, 김주(金澍)는 압록강을 건너지 않고 중국에 머물렀고, 전문식(全文軾)은 돌아와 벼슬을 버리고 강정리(江亭里)에 머물면서 여생을 보냈다.

• 먹줄 : 먹물 곧 글을 공부함.
• 두 아들 두 며느리 : 쌍충쌍열(雙忠雙烈)의 절개를 풀어쓴 말.
• 참고자료 : 한가락 시조집 4권(1994년). 여말충의열전(麗末忠義列傳. 1994).

2. 강창각(江昌閣)

• 강창각(江昌閣)은 전라북도 진안근 마령면 강정리에 있으며, 전문식(全文軾)을 추모하는 곳이다. 전면 3칸, 측면 2칸으로 마루와 방으로 꾸며져 있으며, 마을 가운데에 들어서 있다. 집은 단청도 안되고, 공포도 없으며, 새마을운동으로 고쳐서 옛 모습을 상실하고 현판만 보고 찾아야 된다.

• 후손들이 전문식(全文軾)을 제사하기 위하여 영산사(靈山祠)라는 사당을 지었다. 영산사(靈山祠)는 정면 4칸, 측면 2칸으로 단청이 잘 되었고, 맞배 기와지붕이다.

• 강창각(江昌閣)주변에는 형남정(荊南亭)이 있는데, 전문식(全文軾)의 후손들이 문중의 화목을 기리는 마음으로 세운 정자로 매우 경치가 좋다. 형남정(荊南亭)이라는 말은 중국 수나라 때에 어느 형제가 서로의 우애를 돈독히 하겠다는 고사에서 비롯된 말이다.

• 조선조 단종 때에 전문식(全文軾)의 후손 중에서 전사민(全思敏)과 전사미(全思美)가 벼슬을 버리고 자결하자, 부인들도 뒤따라 자결하여 정절을 나타냈다.

강창각(江昌閣)

서른아홉. 미남재(嵋南齋)

가야금 줄 고르며
옛 일을 그리면서

술잔을 기울이면
흐르는 눈물이여

솔바람 건듯 불 때면
서러움도 예뻐라

1. 조영(趙瑛)
• 고려 충목왕 원년 을유(乙酉, 1344)에 태어나고 신조정 35년 병오(丙午, 1425)에 돌아가셨으니 향년 82세였다. 고려말 어지러운 세상에서 올바른 정신으로 나라를 부흥시키려 힘썼고, 새로운 조정이 일어났을 때는 불사이군(不事二君)의 절개로 의리를 굳게 지킨 선비요, 학자였다. 벼슬이 서운관부정(書雲觀副正)에 올랐다.
• 아우되는 조유(趙瑜)는 높은 학문과 덕망으로 신조정에서 경상백(慶尙伯)으로 유인하였으나, 거절하고 두 번이나 여묘(廬墓)살이를 하면서 효(孝)를 실천하였다. 그래서 부자3현(父子三賢)의 충절을 조정에서 칭송하였다.
• 이름을 영(瑛)이라고 한 까닭은 태몽에 노파가 나타나 흰 구슬 한 쌍과 흰 꽃 한 가지를 받았다고 하여 지은 것이다.

• 솔바람 : 옛 송도(松都)에 대한 그리움.
• 참고자료 : 한가락 시조집 10권(2000년). 여말충의열전(麗末忠義列傳. 1994).

2. 미남재(嵋南齋)

- 미남재(嵋南齋)는 전라북도 순창군 풍산면 유형리에 있으며, 조영(趙瑛)을 추모하는 곳이다. 정면 4칸, 측면 2칸으로 측면 한 칸은 방으로 꾸몄다. 팔작기와지붕이며, 기단 위에 기초석을 얹고 둥근 기둥으로 지붕을 받들었다.
- 조영(趙瑛)의 산소는 실전되어서 단(壇)을 만들었는데. 고려제도인 네모난 모습으로 하였다. 둘레에는 에운담을 둘렀고, 비석이 있다.
- 산소 아래에 부인의 묘소가 따로 마련되었다. 그리고 아래에 동생 조유(趙瑜)의 산소가 보존되고 있다.
- 아버지 농은공(農隱公) 조원길(趙元吉)의 산소가 근처에 있는데, 보존 상태가 매우 양호하다. 고려 때의 산소 제도를 살펴볼 수 있는 좋은 곳이다.
- 북망송경가(北望松京歌)라는 노래가 있는데, 조영(趙瑛)이 지은 노래라 한다. 이 노래를 부른 봉우리를 정금봉(停琴峰)이라고 불렀다.

백운지아심(白雲知我心)　청산여고인(靑山如故人)
욕설망국한(欲說亡國恨)　운산묵사빈(雲山黙似嚬)

미남재(嵋南齋)

광주광역시 · 전라남도 편

여일재(麗日齋)	공은(孔隱)
영모재(永慕齋)	김칠양(金七陽)
일신재(日新齋)	노준공(盧俊恭)
충경서원(忠敬書院)	염치중(廉致中)
송월사(松月祠)	임선미(林先味)
영모재(永慕齋)	정광(程廣)
화담사(花潭祠)	정희(鄭熙)

마흔. 여일재(麗日齋)

눈부신 햇살 아래
푸른 뫼 그려 놓고

바다를 즈려 밟고
기러기 벗 삼으니

흰 눈에 덮힌 누리가
봄빛으로 물들다

1. 공은(孔隱)
- 1348년(충목왕 4년)에 태어나서 1403년(태종 3년)에 돌아가셨다.(56세) 고려말의 절의충신(節義忠臣)이며, 은사(隱士)이다.
- 자는 백량(伯良)이고, 호는 고산(孤山)이며, 본관은 곡부(曲阜, 昌原)이다.
- 목은(牧隱) 이색(李穡)과 포은(圃隱) 정몽주(鄭夢周)에게서 성리학을 배우고, 여흥왕(우왕 6년,1380년) 때에 과거에 올랐고, 여러 벼슬을 거쳐 문하시랑 평장사(文下侍良平章事)에 올랐다.
- 임신변혁(壬申變革)에 당하여 여러 번 벼슬을 거절하다가 순천으로 귀양갔으며, 순천에서 일생을 마치게 된다.

- 푸른 뫼 그려 놓고 : 청산백설도(靑山白雪圖)를 그려서 벽에 걸고, 자기의 뜻을 삼음.
- 바다를 즈려 밟다 : 충천도해(衝天蹈海)의 뜻을 우리말로 표현.
- 참고자료 : 한가락 시조집 8권(1998). 여말충의열전(麗末忠義列傳. 1994).

2. 여일재(麗日齋)

* 여일재(麗日齋)는 전라남도 여수시 낙포동에 있으며, 공은(孔隱)을 추모하는 곳이다. 정면 4칸과 측면 2칸으로, 마루와 방으로 꾸며 있으며, 팔작기와지붕이다.
* 산소는 삼일포(三日浦) 비락주(飛落洲) 병자지원(丙子之原)에 있으며, 바로 옆에 기러기 무덤도 함께 만들었다고 하나, 전하지 않는다. 산소는 문신상, 동자상과 비석이 있으며, 원분의 형태이다.
* 공은(孔隱)이 돌아가셨을 때에, 기러기가 삼일(三日)을 울다가 떨어져 죽어서, 그 기러기를 장사지내 주었고, 동네 이름이 삼일포(三日浦)가 되는 유래가 된다.
* 신조정에서 순천으로 귀양을 보내니, 순천의 도솔봉 아래에 정자를 짓고, 천해헌(天海軒)이라고 이름하였으니, 충천도해(衝天蹈海)에서 뜻을 취했다.
* 공은(孔隱)의 형은 공부(孔俯)인데, 조선 건국 후에 벼슬을 하여, 한성판윤, 대제학 등을 역임하였다. 1376년(우왕 2) 문과에 급제하였고, 천추사(千秋使)로 임명되어 명(明)나라에 갔다가 객사하였다.
* 초서(草書), 예서(隸書)에 능하였다. 작품에 글씨 회암사 묘엄존자 무학선사탑비(檜巖寺妙嚴尊者無學禪師塔碑), 한산군 이색 신도비(韓山君李穡神道碑) 등이 있다.

여일재(麗日齋)

마흔하나. 영모재(永慕齋)

　　　　마파람　일렁이면
　　　　갯물결　멍이 들고

　　　　가여운　땅끝 동백
　　　　서러워　붉은 마음

　　　　부르고　새기지 마라
　　　　가슴 속에　품어라

1. 김칠양(金七陽)
• 태어나고 돌아가신 때를 잘 알지 못한다. 고려말(高麗末)에 성리학자(性理學者)였으며, 불사이군(不事二君)의 뜻을 간직한 의절신(義節臣)이었다. 향년(享年)은 40이다.
• 호(號)가 강은(康隱)이고, 본관(本貫)은 안동(安東)이며, 고조(高祖)는 고려의 맹장인 충렬공(忠烈公) 김방경(金方慶)이다.
• 가정(稼亭) 이곡(李穀)의 문하(門下)에서 성리학(性理學)을 공부하였으며, 과거에는 뜻을 두지 않고, 포은(圃隱) 정몽주(鄭夢周), 재종(再從)되는 척약재(惕若齋) 김구용(金九容), 목은(牧隱) 이색(李穡), 등과 종유(從遊)하여, 그 의리 명분을 같이 하였다.
• 고려말(高麗末)에 잠깐동안 수안군사(遂安郡事)를 지냈으나 고려가 망한 후에 강진(康津) 금릉산(金陵山) 선묘하(先墓下)에 은거(隱居)하고 신조

• 마파람 : 남쪽에서 불어오는 바람. 앞에서 불어오는 바람.
• 참고자료 : 한가락 시조집 17권(2007년). 여말충의열전(麗末忠義列傳. 1994).

정과 관계를 끊었다.

2. 영모재(永慕齋)

- 영모재(永慕齋)는 전라남도(全羅南道) 강진군(康津郡) 작천면(鵲川面) 토마리(土馬里)에 있으며, 김칠양(金七陽)을 기리는 재실(齋室)이다. 재실 현판 글씨가 매우 뛰어나다. 김재홍(金在洪)의 글씨란다.
- 관리하는 사람이 없어서 뜰에는 잡풀이 우거지고, 두 채의 집이 엉성하다. 재실(齋室)은 대숲에 둘러싸여 있고, 마당 끝에 우물이 있어서 지금도 마실 수가 있다고 한다.
- 산소는 토동마을 사자산 자락에 있는데, 선대들의 묘소까지 잘 정비되었으며, 위에서부터 네 번째에 있다.
- 장흥읍에는 충렬공(忠烈公) 공원이 있다.
- 강진군(康津郡) 작천면(鵲川面) 면사무소는 옛 날 병영터라고 하며, 담을 둘렀던 돌과 주춧돌이 남아있다.

영모재(永慕齋)

마흔둘. 일신재(日新齋)

섬김이　갸륵하여
하늘도　움직이나

서석산　세심에서
물처럼　살았더니

날마다　새로움 솟아
무지개로　서리다

1. 노준공(盧俊恭)
- 1339년(충혜왕 복위1년)에 태어나서 1397년(태조 6년)에 돌아가셨다.(58세) 고려말의 절의충신(節義忠臣)이며, 은사(隱士)이다.
- 호는 심계(心溪)요, 본관은 광산(光山)이다.
- 노준공(盧俊恭)은 벼슬에 나아가지 않고 효도와 학문에만 전념하였다. 어버이의 병환을 돌보는데, 변을 맛보고 손가락의 피를 내서 먹였다고 하며, 상사에 3년 시묘(侍墓)살이를 하였다고 한다. 또한 고려가 망하매, 매월 초하루 보름에 곡하고, 3년상을 지냈다고 한다.
- 임신변혁(壬申變革)이 일어나자 집옆에 담을 쌓고 세속과의 인연을 끊었으며, 신조정에서 여러 벼슬로 부르니, 서석산(瑞石山)의 세심(洗心) 계곡에 숨어서 살았다.

- 갸륵하다 : 하는 일이 착하고 장하다.
- 서석산 : 광주 무등산의 옛 이름.
- 참고자료 : 한가락 시조집 8권(1998년). 여말충의열전(麗末忠義列傳. 1994).

2. 일신재(日新齋)

- 일신재(日新齋)는 광주광역시 북구 일곡동에 있으며, 노준공(盧俊恭)의 덕을 추모한다. 정면 4칸, 측면 2칸으로 마루와 방으로 되어 있다.
- 일신재(日新齋)는 효절사(孝節祠)와 함께 있는데, 대원군의 서원 철폐령을 피하기 위하여 지붕을 벼이엉으로 엮어서 위장하여 화를 면하였다.
- 친상(親喪)을 당하여 여묘(廬墓)살이를 할 때, 정성에 감동하여 호랑이가 개처럼 호위하고 따르며 보호했다고 한다.
- 노준공(盧俊恭)이 세상을 떠날 때 상서로운 무지개가 망배단에서 솟구치니, 사람들이 글을 올려 상주기를 청하였다. 이에 절효(節孝)라는 시호를 내리고, 정려각(旌閭閣)을 세워 선비들이 제사를 지내게 하였으니, 정려(旌閭)가 광주 밀양동에 있다는 기록이, 읍지(邑志), 여지승람(輿地勝覽), 효자열전(孝子烈傳), 삼강록(三綱錄) 등에 보인다.
- 후손으로 대한제국 때에 항일 의병활동을 한 노소해(盧蘇海)와, 을사보호조약에 격분하여 분사한 송병선(宋秉璿)의 위패를 모신, 만주사(晩洲祠)와 효열문(孝烈門)을 볼 수 있다.

일신재(日新齋)

마흔셋. 충경서원(忠敬書院)

지키고　섬기면서
받들고　땀 흘리며

올곧은　길 따라서
한 걸음　한 걸음씩

들국화　향기론 망울
눈서리에　야물다

1. 염치중(廉致中)
- 태어나고 돌아가신 때를 알지 못한다. 고려말(高麗末) 절의충신(節義忠臣)이다. 염치중(廉致中)은 염씨(廉氏) 참화(慘禍)중에 풍악산(楓嶽山)에 숨어 있다가, 임신년(壬申年)에 만수산(萬壽山) 서두문동(西杜門洞)에 있는 고려(高麗) 태조(太祖)의 현능(顯陵) 근처에 움막을 짓고 은거(隱居)하다가 다른 곳에서 세상을 떠났다.
- 휘(諱)는 치중(致中)이고, 호(號)는 송은(松隱)이며, 본관(本貫)은 파주(坡州)이다. 파주(坡州)의 옛 이름이 곡성(曲城)이다.
- 포은(圃隱) 정몽주(鄭夢周)의 문하(門下)에서 충효(忠孝)를 근본으로 공부하였다. 여흥왕 1년(1375)에 문과에 급제하여 판종부시사(判宗簿寺事)를 역임하였다.
- 염치중(廉致中)의 아들 염이(廉怡)는 호(號)를 폐와(閉窩)라고 하는데, 아버지의 유훈(遺訓)을 따라 세상과 단절하고, 채미가(採薇歌)와 황국시

- 지키고 섬기다 : 충경(忠敬)을 풀어씀.
- 참고자료 : 한가락 시조집 16권(2006년). 여말충의열전(麗末忠義列傳. 1994).

(黃菊詩)를 지었다고 한다.
- 동지들을 생각하는 시가 전한다.

    망국고신이백두(亡國孤臣已白頭)   시문일폐십삼추(柴門一閉十三秋)
    인간단원이제사(人間但願夷齊死)   지하동종포목유(地下同從圃牧遊)

2. 충경서원(忠敬書院)

- 충경서원(忠敬書院)은 전라남도(全羅南道) 나주시(羅州市) 삼영동산(三榮洞山) 250번지에 있으며, 주벽(主壁) 염제신(廉悌臣, 호는 忠敬公), 염국보(廉國寶, 장자, 호는 菊坡), 염흥방(廉興邦, 차자, 호는 東亭), 염정수(廉廷秀, 삼자, 호는 淸江), 염치중(廉致中, 장손, 호는 松隱)을 배향하는 서원이다. 정문에 들어서면 관리사무소, 조정비(朝庭碑), 창건 기념비, 안내도가 정비되어 있다.
- 맨 안쪽에 조동사(照東祠)가 정면 3칸, 측면 2칸의 팔작기와지붕으로 기둥은 시멘트이다. 여기에 주벽(主壁) 염제신(호는 梅軒), 염국보(호는 菊坡), 염흥방(호는 東亭), 염정수(호는 淸江), 염치중(호는 松隱)의 5위를 배향하고 있다.
- 염치중(廉致中)이 동지 제현에게 화답한 시가 전한다.

    차생무지기여생(此生無地寄餘生)   생역하위사가영(生亦何爲死可榮)
    일곡추운심처거(一哭秋雲尋處去)   서산락일조심명(西山落日照心明)

충경서원(忠敬書院)

마흔넷. 송월사(松月祠)

앞장 서 빗장 걸고
너릿재 넘었더니

뒤 따른 저 달무리
솔 숲에 머물다가

불길도 못 태운 마음
다독이며 반긴다

1. 임선미(林先味)
• 1337년(충숙왕 복위 6년)에 태어났으며, 돌아가신 때는 알지 못한다. 고려말의 절의충신(節義忠臣)이며, 부조현(不朝峴)을 넘어 두문동(杜門洞)에 들어간 72명의 한 사람이고, 절개를 지킨 은사(隱士)이며, 두문동(杜門洞)에서 돌아가셨다.
• 자(字)는 양대(養大)이며, 호는 두문재(杜門齋), 또는 휴암(休庵)이고, 본관은 평택(平澤)이다.
• 약관의 나이에 성균관에서 공부하여 학문이 알차고 정밀하였으며, 석성린(石成磷), 조의생(曺義生), 홍중선(洪仲宣) 등과 사귀었고, 박상충(朴尙衷)과는 도의를 강론하였다.
• 벼슬이 낭(郎)이 되었는데 내어놓고, 태학(太學)에 들어갔으며, 임신변혁(壬申變革)에 개성 오정문(午正門) 밖 산골에 숨었으니, 함께 한 사람들

• 빗장 걸고 : 호 두문재(杜門齋)를 우리말로 풀어쓴 단어.
• 너릿재 : 광주에서 화순으로 가는 고갯길의 이름.
• 참고자료 : 한가락 시조집 9권(1999년). 여말충의열전(麗末忠義列傳. 1994).

이 70여명이 넘었고 여기에서 두문동 72현이라는 말이 생겼다. 만수산(萬壽山) 두문동(杜門洞)은 개성 서쪽에 있다.
• 두문동(杜門洞)에서 불에 타 참변을 당한 사람 중에 이름이 알려진 사람은 조의생(曺義生), 맹호성(孟浩誠), 임선미(林先味)이며, 삼절(三節)이라고 한다. 불에 타 순절한 사람들이 많지만 오랫동안 잊혀졌었다.

2. 송월사(松月祠)

• 송월사(松月祠)는 전라남도 화순군 화순읍 일심리에 있으며, 임선미(林先味)를 추모하는 곳이다. 정면 3칸, 측면 2칸으로 되어있다. 산소는 전하지 않고 방분(方墳) 모양의 단을 설치하였다. 송월사(松月祠)는 송도(松都)의 달이 여기에 비친다는 뜻이다.
• 1392년 임신변혁(壬申變革)에 고려의 유신(遺臣)들이 두문동(杜門洞)에 은둔하니 조선 경종 때까지 두문동(杜門洞)을 폐고(廢錮)시켰다가, 1740년(영조 16년) 개성 유수 김약로에게 고려충신부조현(高麗忠臣不朝峴)이라 표석을 세우게 하였다.
• 1783년 정조께서 개성 서쪽에 사우를 세우고, 표절(表節)이라는 액호(額毫)를 내려 표절사(表節祠)를 개성 유수 서유방(徐有防)에게 짓게 하였다.
• 1868년 서원 철폐령에 훼손되었다가, 1934년 자손들과 개성 유림들이 두문동서원(杜門洞書院)을 세웠다. 그 후 남북분단으로 왕래할 수 없어서 임선미(林先味)의 단을 1978년에 설단하고 송월사(松月祠)를 세워서 배향하였다.

송월사(松月祠)

마흔다섯. 영모재(永慕齋)

받들고 모시는 일
드날린 이름이여

벗들과 손 맞잡고
나라를 살피는데

갈 길이 마뜩찮았나
서성대는 발걸음

1. 정광(程廣)
• 태어나고 돌아가신 때를 알지 못하며, 고려말의 절의충신(節義忠臣)이고, 은사(隱士)이다.
• 자는 덕로(德魯)이고, 호는 건천(巾川)이며, 본관은 하남(河南)이다.
• 천성이 순수하고 효심이 지극하였다. 약관(弱冠)의 나이에 과거에 올랐고, 벼슬이 전중판시사(殿中判寺事), 간의대부(諫議大夫)에 이르렀고, 목은(牧隱) 이색(李穡)과 포은(圃隱) 정몽주(鄭夢周)와 더불어 고려의 사직(社稷)을 곧게 세우려고 하였고, 성리학을 발전시키고, 불교의 폐단을 바로 잡으려고 노력하였다.
• 1389년 간성왕이 즉위하자, 나라의 어지러움을 개탄하여 고향인 광주로 돌아왔으며, 임신변혁(壬申變革)에 당하여 두문불출(杜門不出)하고, 평소의 뜻을 담아서 산록(散錄) 책을 저술했다.

• 마뜩찮다 : 행동이나 생각이 마음에 들지 아니하다.
• 참고자료 : 한가락 시조집 9권(1999년). 여말충의열전(麗末忠義列傳. 1994).

• 두문동에 들어가면서 쓴 시가 전한다.

아이인간무사인(我以人間無似人)　긍작천하유죄신(肯作泉下有罪身)
여장금일취신국(如將今日就新國)　후세기나욕급신(後世其奈辱及身)

2. 영모재(永慕齋)

• 영모재(永慕齋)는 광주광역시 서구 진월동에 있으며, 정광(程廣)을 추모하는 곳이다. 정문인 돈의문(敦義門)을 지나서 재실이 있으며, 담 옆에 정광(程廣)의 아버지 정사조(程思祖)와 정광(程廣)의 형인 정도(程道), 그리고 정광(程廣)의 산소가 함께 있으며, 묘비는 이무기 이수를 쓰고 있다.
• 정광(程廣)이 살던 고을을 정랑동(程郎洞), 또는 정가막동(程家慕洞)이라고 부른다.
• 문장에 재질이 있어서, 금당산 유거시(幽居詩), 유거감음(幽居感吟), 술회(述懷), 계자시(戒子詩)가 남아 전하여, 정광(程廣)의 정신을 살펴볼 수 있다.
• 금당산 유거시(金塘山幽居詩)

자애임천락(自愛林泉樂)　주모시복빈(誅茅始卜濱)
계산일옥자(溪山一屋子)　천지백년신(天地百年身)
곡조명하의(谷鳥鳴何意)　임원소불언(林猿嘯不言)
은거영심사(隱居永甚事)　청서엄시문(淸書掩柴門)

영모재(永慕齋)

마흔여섯. 화담사(花潭祠)

올곧은 마음으로
아홉과 더불었고

배우고 닦으려고
집까지 옮겼으니

바알간 배롱나무가
그 때 일을 아는 듯

1. 정희(鄭熙)

- 1350년(충정왕 2년)에 대구부 해안현 삼태동에서 태어났으나, 돌아가신 때는 알지 못한다. 고려말의 절의충신(節義忠臣)이며, 부조현(不朝峴)을 넘어 두문동(杜門洞)에 들어간 72명의 한 사람이다.
- 처음 이름은 희량(熙良), 호는 묵은(默隱)이며, 본관은 하동이다.
- 정희(鄭熙)는 포은(圃隱) 정몽주(鄭夢周)의 도덕문장(道德文章)을 듣고 스승으로 삼으려고, 대구에서 송경 나부산 서쪽 포은(圃隱)의 집 근처로 이사하였다. 여흥왕 때 문과에 급제하여 사헌장령(司憲掌令)이 되고, 진현관직제학(進賢館直提學)이 되었으며, 집의(執義)가 되었다.
- 임신년 봄에 정도전(鄭道傳), 남은(南誾), 조준(趙俊) 등을 탄핵하여 귀양보냈으나, 임신변혁에 세상일이 반대로 바뀌어서, 정희, 김진양, 이광, 이래, 이감, 권홍, 김무, 서견, 이작, 이신, 이숭인, 이종학, 조호 등이

- 배롱나무 : 나무 백일홍을 말함. 선비의 정신을 나타내는 꽃나무.
- 참고자료 : 한가락 시조집 8권(1998년). 여말충의열전(麗末忠義列傳. 1994).

귀양가고 서인(庶人)으로 품위가 내려갔다.

2. 화담사(花潭祠)

• 화담사(花潭祠)는 광주광역시 서구 화정동에 있으며, 동재(東齋) 청지정(廳之亭)이 있고, 서재(西齋) 열호정(悅乎亭)이 있으며, 양 옆엔 600년쯤되는 배롱나무가 두 그루 있다. 화담사(花潭祠) 양양문(洋洋門)을 들어서면, 묵은(默隱), 약포(藥圃), 문경(文景), 문절(文節), 충장(忠壯) 등을 배향하고 있다. 지금 광주광역시 서구 화정동은 화담사(花潭祠)에서 얻은 이름이다.

• 임신변혁(壬申變革)에 신조정에 참여할 뜻이 없어서 의리를 굳게 지키고, 운곡(耘谷) 원천석(元天錫)의 치악산 변혁사(雉岳山變革祀)에 참여하였다. 늙어서 한성 밖 아현리 강가에서 집을 짓고 살았다.

• 승국명류표방록(勝國名流標榜錄)에 아홉 곧은 사람이(九貞, 곧고 바른 사람 아홉) 있다고 했는데, 김자수(金自粹), 이행(李行), 이사경(李思敬), 배상지(裵尙志), 신안(申晏), 이수생(李遂生), 고천우(高天祐), 전오륜(全五倫), 정희(鄭熙) 등이다.

화담사(花潭祠)

대구광역시 · 경상북도 편

초간정(草澗亭)	권문해(權文海)
영귀정(詠歸亭)	김광수(金光粹)
하송재(下松齋)	김기(金起)
남하정(南下亭)	김저(金佇)
봉정재(鳳停齋)	신득청(申得淸)
와선정(臥仙亭)	심장세(沈長世)
삼영정(三詠亭)	유한정(柳漢禎)
천운당(天雲堂)	이만부(李萬敷)
도은재(陶隱齋)	이숭인(李崇仁)
매국정(梅菊亭)	이조년(李兆年)
숭의재(崇義齋)	이존인(李存仁)
월송정(越松亭)	이행(李行)
숭의재(崇義齋)	장보지(張輔之)
옥계서원(玉溪書院)	장안세(張安世)
여차정(如此亭)	장학(張㬅)
무우정(舞雩亭)	채귀하(蔡貴河)
척서정(陟西亭)	홍노(洪魯)
매학정(梅鶴亭)	황기노(黃耆老)

마흔일곱. 초간정(草澗亭)

풀섶에 흐르는 물
다락을 기웃 넘어

어버이 바로 섬김
가슴에 품어다가

솔바람 건듯 불 때에
함께 띄워 보낸다

1. 권문해(權文海)
• 조선 중종 29년(甲午, 1534) 7월 24일에 예천군 죽림리에서 태어나고, 58세(1591) 되던 해에 세상을 떠났다. 조선 중기의 충신이며 학자였다. 권문해(權文海)가 남긴 대동운부군옥(大東韻府群玉)은 최초이며 최대의 백과사전이다.
• 자는 경원(璟元)이며, 호는 초간(草澗)이고, 본관은 예천(醴泉)이다.
• 27세에 대과에 올라서 여러 벼슬을 거쳐 58세에 좌부승지에 올랐다.
• 대동운부군옥(大東韻府群玉)은 단군에서부터 조선 선조까지의 역사적 사실과, 인물, 문학, 예술, 지리, 국명, 성씨, 산명(山名), 목명(木名), 화명(花名), 동물명 등을 총망라하여, 원(元)나라 음시부(陰時夫)의 운부군옥(韻府群玉)의 예에 따라 운자(韻字)의 차례로 배열하였다.
• 대동운부군옥(大東韻府群玉)을 서술하기 위하여 참고한 자료는 우리

• 기웃 : 무엇을 보려고 고개를 기울이는 모양.
• 건듯 : 일을 빠르게 하는 모양.
• 참고자료 : 한가락 시조집 3권(1993년).

서적이(삼국사기, 계원필경 등) 176종이고, 중국 서적이 15종이나 된다.

2. 초간정(草澗亭)

• 초간정(草澗亭)은 경상북도 예천군 용문면 죽림리에 있으며, 권문해(權文海)가 축조한 것으로 정면 2칸, 측면 2칸의 팔작기와지붕의 건물이다. 안채와 사랑채로 나뉘었다.
• 종가 별당은 목조건물로 보물 제457호이고, 안채는 중요 민속 자료 제201호이며, 백승각에는 보물 제878호인 대동운부군옥(大東韻府群玉) 목각판과 초간본이 보존되어 있으며, 보물 879호인 초간일기(草澗日記)가 보관되어 있다.
• 권문해(權文海)의 아들인 죽소공이 해동잡록(海東雜錄)을 지었는데, 백승각에 함께 보존되고 있다(지방유형문화재 170호) 그밖에 교지, 감실, 옥저, 문집, 문서들이 있다.
• 종가 앞에는 보호수 427호인 향나무가 있다.
• 대수마을 앞 들판 왼쪽에 세 돌기둥이 있는데 마을의 수호신이란다.

초간정(草澗亭)

마흔여덟. 영귀정(詠歸亭)

즈믄 해　견딜 솔을
가꾸고　매만지며

솔 내음　켜켜 넣어
내 가락　부르는데

속일 맘　버렸거들랑
함께 하세　이 자리

1. 김광수(金光粹)
• 조선조 세조(世祖) 14년 (戊子, 1469)에 태어나고, 명종(明宗) 18년(癸亥,1565)에 돌아가셨으니, 향년이 96세이었다. 조선조 초기에 살았던 학자요, 문장가였다.
• 자는 국화(國華)요, 호는 송은(松隱)이며, 본관은 안동(安東)이다. 고려때에 여몽연합군의 장군인 김방경의 후손이며, 태조의 역성혁명에 가솔을 이끌고 점곡면으로 내려온 김자첨(金子瞻)의 증손이다.
• 기록을 살펴보면 연산군 때의 갑자사화(甲子士禍)를 미리 예측하고 벼슬을 버리고 낙향하였다는 것이다.

2. 영귀정(詠歸亭)
• 영귀정(詠歸亭)은 경상북도 의성군 점곡면 사촌리에 있으며, 김광수

• 즈믄 해 : 천(千) 숫자의 우리말. 천 년.
• 내 가락 : 외래에 물들지 않은 순수한 우리 정신과 바탕.
• 참고자료 : 한가락 시조집 4권(1994년).

(金光粹)가 지은 정자이다. 영귀정(詠歸亭)은 기천(沂川) 강변의 절벽 위에 있어서 보이는 풍광이 좋다. 정면 3칸, 측면 2칸으로 방과 마루로 팔작 기와지붕으로 건축되었다.

• 사촌리 입구 좌측에 김광수(金光粹)의 송덕비(頌德碑)가 우뚝하게 서 있다. 송덕비(頌德碑) 앞에는 김광수(金光粹)가 심었다는 만년송(萬年松)이 잘 자라고 있다.

• 영귀정(詠歸亭)이라는 말은 논어(論語)에 공자가 제자들과 얘기할 때에 증자의 아버지되는 증점(曾點)이 한가롭게 기천강(沂川江)가에서 노래를 읊조리며 세상의 욕심을 버리고 살겠다는 뜻에서 비롯된 말이다. 점곡(點谷)은 증점(曾點)이라는 이름에서, 기천(沂川)은 중국의 강이름이고, 영귀(詠歸)라는 말은 읊조리며 노래한다는 뜻으로 우리가 중국 문화에 빠져 우리의 것을 활용하지 못하는 모습을 살펴볼 수 있다.

영귀정(詠歸亭)

마흔아홉. 하송재(下松齋)

구슬잦 　여울에서
갈 곳을 　서성대며

솔고을 　그린 눈물
별빛에 　아득할 제

한달음 　찾은 벗들과
옛 이야기 　엮는다

1. 김기(金起)

• 태어나고 돌아가신 때를 알지 못한다. 고려말에 두문동에 들어갔다는 기록은 없지만, 망국(亡國)의 한(恨)을 간직한 의절신(義節臣)이다.
• 김기(金起)는 벼슬이름을 별칭으로 사용하여 목사공(牧使公)으로 부르며, 화의군(和義君)을 수봉하여 화의공(和義公)이라 칭한다. 본관은 선산(善山)이며, 농암(籠巖) 김주(金澍)의 매제이다.
• 어려서 벼슬에 올라 정순대부(正順大夫) 광주목사(廣州牧使)를 지냈다. 문장(文章)과 재덕(才德)을 겸비하였고, 의리(義理)를 중시하는 선비였다.
• 고려(高麗)가 망하자 불사이군(不事二君)의 절의(節義)를 지켜 처가인 선산(善山) 옥성산촌(玉城山村)에 은둔(隱遁)하면서 여생을 나뭇꾼(樵夫)으로 자정(自靖)하였다.
• 옛부터 옥성산촌(玉城山村)을 두문동(杜門洞)이라고 부르기도 한다. 또

• 구슬잦 : 옥성산촌(玉城山村)을 우리말로 풀어씀. 성(城)의 우리말이 잦.
• 솔고을 : 개성 송도(松都)를 우리말로 풀어씀.
• 참고자료 : 한가락 시조집 17권(2007년). 여말충의열전(麗末忠義列傳. 1994).

한 선산 3절(善山三節)을 말하기도 하는데, 목사공(牧使公) 김기(金起), 송은(松隱) 장안세(張安世), 야은(冶隱) 길재(吉再)를 꼽는다.

2. 하송재(下松齋)

- 하송재(下松齋)는 경상북도(慶尙北道) 구미시(龜尾市) 선산읍(善山邑) 포상리(浦上里)에 있으며, 김기(金起)를 추모하는 재실(齋室)이다. 대문에는 경지문(敬止門)이라는 현판이 있으며, 안과 밖의 뜰이 잘 정비되어 있다. 앞 5칸, 옆 2칸의 팔작기와지붕에 주심포 형식의 집이다. 각 기둥에는 주련구(柱聯句)가 걸려 있다.
- 김기(金起)의 산소는 하송산(下松山) 기슭에 있는데, 옥녀산발형(玉女散髮形)의 형국으로, 동(東)은 진소형(眞梳形·참빗형국), 서(西)는 월소형(月梳形·큰빗형)으로 명당이란다.
- 김기(金起)가 은거하던 옥성산촌(玉城山村) 청룡산(靑龍山) 기슭 절벽에 음각으로 새긴 화의군유허비(和義君遺墟碑) 글이 있다. 약 100자(字)가 새겨졌는데, 지금은 나무가 울창하고 아는 사람도 드물어 찾기가 힘들다. 1989년에 새겼다고 한다.

하송재(下松齋)

쉰. 남하정(南下亭)

죽음을 숫돌 삼아
칼 갈은 할아비여

틈 사이 어긋나서
못 이룬 그 설움이

한 켜씩 쌓이고 쌓여
대들보로 우뚝다

---

1. 김저(金佇)
- 충렬왕 30년(甲辰, 1303년) 11월 4일에 태어나고, 공양왕 11월 22일(1389)에 옥사하였으니, 향년 86세이다. 고려말 절의 충신(節義忠臣)으로 여흥왕의 복귀를 노리다가 곽충보의 밀고로 순군옥(巡軍獄)에 갇힌 후 10일 만에 옥사하였다.
- 호를 율은거사(栗隱居士)라 하고, 본관은 김해(金海)이며, 가락왕의 후예이다. 처음에는 장흥부(長興府) 벽계리(碧溪里)에서 태어났다.
- 김저(金佇)가 86세 되던 해에(1389년) 최영장군을 수행하여 대호군(大護軍)으로, 부령(副令) 정득후(鄭得厚)와 함께 여흥왕을 알현한 후에 밀지를 받고, 하사한 칼을 들고, 당시 이성계(李成桂)를 팔관회(八關會)에서 암살하려 했으나 발각되었다. 이것이 김저옥사(金佇獄事)이다.
- 이 때에 관련된 사람들은 최영(崔瑩), 변안렬(邊安烈), 조민수(曺敏修), 이림(李琳), 염흥방(廉興邦), 윤이(尹彝), 이초(李初), 왕안덕(王安德) 등이

- 참고자료 : 한가락 시조집 3권(1993년). 여말충의열전(麗末忠義列傳. 1994).

며, 이들을 9충(九忠)이라고 부른다. 그 후 여흥왕은 강릉으로, 윤왕은 강화로 쫓겨가 모두 11월에 시해를 당했다.

2. 남하정(南下亭)

• 남하정(南下亭)은 경상북도 예천군 보문면 미호리 성내천가에 있는 정자다. 정자는 정면 6칸, 측면 2칸으로 팔작기와지붕이며, 높은 기단위에 마루를 놓았고, 계자난간으로 되었으며, 측면 1칸은 마루와 방으로 건축하였다.

• 처음에는 김저(金佇)가 하리면 율곡리에 지은 것으로, 그 후 소실된 것을 1981년 자손들이 다시 이곳에 세운 정자이다.

• 장례를 치를 때에 푸른 새가 날아와 고려충(高麗忠)이라고 세 번 소리치고 날아갔다고 한다.

• 몇 수의 한시가 남아 전한다.

청운탈사하남거(靑雲脫卸下南居)   풍우서천부진여(風雨西天不盡餘)
안적사창빈환주(岸積斜窓頻喚酒)   인올고탑독아서(引兀高榻獨哦書)
좌간정초미유근(坐看庭草樂遊近)   원피성진안로소(遠避城塵雁路疎)
염석도옹귀거사(念昔陶翁歸去事)   율림심처아하여(栗林深處我何如)

남하정(南下亭)

쉰하나. 봉정재(鳳停齋)

큰 새로   솟구치라
벗님이   북돋운다

할 말은   하면서도
보듬고   껴안으며

넋으로   새겨준 노래
샛바다에   띄운다

1. 신득청(申得淸)
• 태어난 때를 알지 못하고, 1392년 임신변혁(壬申變革)에 동해에 뛰어들어 생을 마쳤다고 한다. 고려말(高麗末) 절의충신(節義忠臣)이며 바른 뜻과 행동을 실천한 사람이다.
• 휘(諱)를 득청(得淸)이라고 하는데, 처음에는 중청(仲淸)이라고 썼다. 자(字)는 징수(澄叟)이며, 호(號)는 이유헌(理猷軒)이다. 본관(本貫)은 영해(寧海)인데, 처음은 평산(平山)이었다.
• 27세에 문과에 급제하여 벼슬에 나아갔으나, 당시의 혼탁한 세상사에 실망하고, 1378년(여흥왕 4년) 이부상서(吏部尙書)에서 물러나 고향 봉정산(鳳停山) 아래에 은거하였다. 이 때 목은(牧隱) 이색(李穡)이 봉정재(鳳停齋) 현판을 써 주었다고 한다.
• 신득청(申得淸)이 동해에 뛰어들어 순절하니 문인(門人) 김삼근(金三

• 넋으로 새겨준 노래 : 역대전리가(歷代轉理歌)를 말함.
• 샛바다 : 샛은 동쪽의 우리말. 동쪽 바다.
• 참고자료 : 한가락 시조집 17권(2007년). 여말충의열전(麗末忠義列傳. 1994).

近), 김계권(金繼權) 부자(父子)와, 이주(李周), 송극기(宋克己), 정양필(鄭良弼), 김정(金鼎), 김진양(金震陽) 등이 초혼장(招魂葬)을 모셨다고 한다.

2. 봉정재(鳳停齋)

• 봉정재(鳳停齋)는 경상북도(慶尙北道) 영덕군(盈德郡) 창수면(蒼水面) 미곡리(美谷里)에 있으며, 신득청(申得淸)을 추모하는 재실(齋室)이다. 일반 가옥에 목은(牧隱) 이색(李穡)의 글씨로 현판이 걸려 있다. 앞으로 문화재로 지정되면 신축할 계획이다.
• 신득청(申得淸)은 공민왕 20년(1371) 역대전리가(歷代轉理歌)를 지었으며 아마도 가사 형태의 노래로 불려진 것으로 여겨진다. 두폐행원사(杜嬖幸遠邪) 국권권이풍(國眷眷以諷)으로 풍자하여 아첨의 무리를 멀리하고 임금의 올바른 통치(致身行志)를 바라는 내용이다.
• 산소는 등운산(騰雲山)에 있으며 유좌지원(酉坐之原)이다.
• 신득청(申得淸)의 할아버지가 되시는 문정공(文貞公) 신현(申賢)이 영해군(盈海君)에 봉(封)해져서 중시조가 된다. 신현(申賢)은 당시에 성리학의 대학자로 동방의 공자(孔子)로 칭송되었다.

봉정재(鳳停齋)

쉰둘. 와선정(臥仙亭)

앞길을　잘못 헤어
소귀를　잡은 설움

뒷 날을　꿈꾸면서
다섯이　모였던 곳

무너진　울타리 위에
돌을 얹는　마음아

1. 태백오현(太白五賢)
• 태백오현(太白五賢)이란 각금(覺今)-심장세(沈長世), 두곡(杜谷)-홍우정(洪宇定), 포옹(抱翁)-정양(鄭瀁), 잠은(潛隱)-강흡(姜恰), 손우(遜遇)-홍석(洪錫)의 다섯 명의 선비이다.
• 태백오현(太白五賢)은 병자호란(丙子胡亂, 1636)에 나라가 항복함을 보고, 한양을 떠나서 태백산(太白山) 남쪽에 내려와 나라의 일을 걱정하면서 살아가던 다섯 사람을 말한다.
• 이들은 단파(丹坡), 두곡(杜谷), 도심(道深), 법천(法川), 노리(魯里)에 각각 살았으며, 문을 열면 개 짖는 소리가 들려올 만큼 거리가 가까운 곳을 선택했다고 한다.
• 각금(覺今)-심장세(沈長世)는 본관이 청송(靑松)이고, 대구부사를 지냈고,
• 두곡(杜谷)-홍우정(洪宇定)은 본관이 남양(南陽)이고, 횡간현감이었고,

• 소귀를 잡은 설움 : 우리나라가 후금(後金)에 항복하게 된 슬픔.
• 참고자료 : 한가락 시조집 3권(1993년).

- 포옹(抱翁)-정양(鄭瀁)은 본관이 연일(延日)이고, 사헌부 장령을 지냈고,
- 잠은(潛隱)-강흡(姜恰)은 본관이 진주(晉州)이고, 잠시 산음현감에 나갔고,
- 손우(遜遇)-홍석(洪錫)은 본관이 남양(南陽)이고, 용담현령을 지냈다.

2. 와선정(臥仙亭)

- 와선정(臥仙亭)은 경상북도 봉화군 춘양면 학산리에 있으며, 태백오현(太白五賢)의 행적을 기리는 곳이다. 정면 2칸, 측면 2칸으로 방으로 꾸며져 있으며, 주변에는 마을이 없는 외딴곳으로 적막하며, 옆에는 작은 개울이 흐른다.
- 작은 개울가에는 의덕암(誼德巖), 와선대(臥仙臺), 은폭(銀瀑) 등이 있으며, 모두가 태백오현(太白五賢)들이 뜻을 합하여 노닐던 곳이다.
- 포옹(抱翁) 정양(鄭瀁)과 손우(遜遇) 홍석(洪錫)의 한시(漢詩)가 전한다.
- 옛날에는 전쟁에서 져서 항복을 할 때에는 소의 귀를 붙잡고 승리자 앞에 나아가 엎드리는 항복 형식이 있었다고 한다.

와선정(臥仙亭)

쉰셋. 삼영정(三詠亭)

삼전도 엎드림이
서럽고 부끄러워

뿔 잡고 머리 풀고
그늘에 숨었는데

바람만 건듯 불어도
출렁이는 마음아

1. 유한정(柳漢禎)
• 조선 인조(仁祖) 5년 정묘(丁卯, 1548)에 태어나고, 돌아가신 때는 알지 못한다. 조선조에 나라를 사랑하고 주체정신을 올바로 지키면서 살아가신 선비요, 학자였다.
• 자는 숭경(崇卿)이고, 호는 오원(烏園)이며, 본관은 문화(文化)이다.
• 인조 때에 병자호란(丙子胡亂, 1636)을 당하여 남한산성에 피난했던 인조가, 삼전도(三田渡)에서 항복하고, 청(淸) 태종(太宗)의 송덕비(頌德碑)를 세웠는데, 그 비석을 보고 비분강개하여 벼슬길을 버리고, 비봉산(飛鳳山)에 거처를 마련하고 살았다. 비봉산(飛鳳山) 앞에는 병천(屛川) 또는 오천(烏川)이 흐른다.

• 삼전도(三田渡) : 지금의 서울 잠실. 송파나루가 있던 곳.
• 참고자료 : 한가락 시조집 3권(1993년).

2. 삼영정(三詠亭)

- 삼영정(三詠亭)은 경상북도 군위군 효령면 오천리에 있으며, 유한정(柳漢禎)을 추모하는 곳이다. 정면 5칸, 측면 3칸으로 양쪽에 방이 있고, 가운데 대청과 방, 앞에는 툇마루로 되었다.
- 유한정(柳漢禎)은 이곳에 살면서 창랑곡(愴浪曲), 목우요(牧牛謠), 조대사(釣臺辭)라는 세 곡의 노래를 지었으며, 그 가사가 전하고 있다. 그리고 그 노래를 일컬어 삼영(三詠)이라 하여 정자 이름이 된 것이다.
- 산소는 향계산(香桂山) 높은 곳에 있어서 찾기가 어려워, 삼영정(三詠亭) 좌우측에 신도비와 유허비를 세웠다.
- 삼영정(三詠亭) 뒤에 있는 바위에 조대(釣臺)라고 한자를 음각하였다.

삼영정(三詠亭)

쉰넷. 천운당(天雲堂)

큰 길에　안나서고
쉼뫼에　머물러서

물 모아　구름 담고
내 노래　불렀더니

알찬 봄　뜰에 가득다
복숭아꽃　부퐜다

1. 이만부(李萬敷)
• 조선 현종(顯宗) 5년(甲辰, 1663) 12월 22일에 태어나고, 영조(英祖) 8년(壬子, 1732) 12월에 병으로 돌아가셨으니 향년 69세이었다.
• 자는 중서(仲舒)요, 호는 식산(息山)이며, 본관은 연안(延安)이다. 조선 중기의 서예가로 고전팔분체(古篆八分體)의 달인이며, 올바른 민족정신을 가진 학자였다.
• 39세 때에 만동사(萬東祠) 건립을 반대하였는데, 이유는 우리나라가 유교의 세력권 속에는 있으나, 그 나라의 신하가 될 수는 없다고 주장한 것이다.
• 당시의 남인과 서인의 당파 싸움에서 당파의 감정을 떠나서, 서로 배울 것은 배우고 버릴 것은 서로 충고해야 한다면서 서인의 주장도 인정한 공이 크다.

• 쉼뫼 : 이만부(李萬敷)의 호 식산(息山)을 우리말로 풀어씀.
• 참고자료 : 한가락 시조집 4권(1994년).

2. 천운당(天雲堂)

- 천운당(天雲堂)은 경상북도 상주시 상주읍 외답리에 있으며 이만부(李萬敷)가 지은 정자이다.
- 천운당(天雲堂)의 모습은 ㄱ자형으로 건축되었으며, 부엌과 작은 방이 두 칸이고, 문이 11개가 되며, 마루방은 천운당(天雲堂), 온돌방은 양호료(瀁浩寮)라 이름하고, 천운당(天雲堂)은 맞배지붕, 양호료(瀁浩寮)는 팔작지붕으로 건축하였다.
- 마당에는 연못을 파 놓았으며 여름에는 물고기가 살고 있단다.
- 이만부(李萬敷)의 저서로는 45세 때에 도동편(道東編) 20권과, 67세에 오만삼천자(53000)에 이르는 지행록(地行錄)이 전하고 있다.

천운당(天雲堂)

쉰다섯. 도은재(陶隱齋)

물버들 푸른 그늘
고샅길 감마들다

툇마루 걸터 앉아
추임새 없은 가락

조올던 해오라비가
성큼 날아 솟는다

1. 이숭인(李崇仁)
* 고려(高麗) 충목왕(忠穆王) 3년(丁亥年, 1347년)에 출생하고, 조선조 태조 6년(1397년, 丁申年)에 돌아가셨으니 향년(享年) 51세이다. 고려말 절의충신(節義忠臣)이며, 두문동(杜門洞) 72현의 한분이시다.
* 휘(諱)는 숭인(崇仁)이고, 자(字)는 자안(子安)이며, 호(號)는 도은(陶隱), 본관(本貫)은 성주(星州)이다. 돌아가신 후에 조선조 태종께서 문충(文忠)이라는 시호(諡號)를 내리셨다.
* 이색(李穡)의 문하(門下)에서 학문에 전념하면서 정몽주(鄭夢周), 김구용(金九容), 박상충(朴尙衷), 정도전(鄭道傳), 권근(權近) 조준(趙浚) 등과 교류하면서, 성리학의 발전에 기여하였다.
* 공민왕(恭愍王) 11년 문과에 장원급제하고, 21세에 성균관 생원이 되

---

* 물버들 : 물가에서 자라는 버드나무의 한 종류.
* 고샅길 : 시골 마을의 좁은 골목길.
* 감마들다 : 서로 번갈아 들랑날랑하다.
* 참고자료 : 한가락 시조집 16권(2006년). 여말충의열전(麗末忠義列傳. 1994).

었다. 성균사성(成均司成), 우사의대부(右司儀大夫), 동지사사(同知司事), 예문관제학(藝文館提學) 등의 관직을 역임하였고, 임신변역(壬申變易-1392) 후에 고려에 대한 충의지절(忠義志節)을 지키다가 영남으로 유배되었다.
• 1390년 윤이, 이초 옥사(尹彝,李初 獄事)에 연루되어 이색, 권근과 함께 청주옥에 감금되었으나 수재(水災)로 방면되어 동지춘추관사로 실록편찬에 참가하였다.
• 1391년 정도전(鄭道傳), 조준(趙浚) 등이 혁명의 기미가 있다고 극론하였다가 체포되었고, 정몽주(鄭夢周)가 참살을 당함에 부조현에 올랐다가, 1392년 원천석이 주관하는 치악산 변혁사(雉岳山變革事)에 참석한 후에 고향으로 돌아왔다. 1397년 정도전(鄭道傳)이 그의 심복 부하인 황거정(黃居正)을 배소(配所)로 보내어 곤장 수 백대를 때리고 말에 매달아 달리게 하여 살해하였다.
• 고려말의 충절3은(忠節三隱)을 칭할 때, 도은(陶隱)이숭인(李崇仁), 목은(牧隱)이색(李穡), 포은(圃隱)정몽주(鄭夢周)를 꼽는다.

2. 도은재(陶隱齋)
• 도은재(陶隱齋)는 경상북도(慶尙北道) 성주군(星州郡) 수륜면(修倫面) 신파리(新坡里)에 있으며, 도은(陶隱) 이숭인(李崇仁)을 추모하는 재실이며, 청휘당(晴暉堂)에 속한 집이다.
• 청휘당(晴暉堂)은 도은(陶隱) 이숭인(李崇仁)을 모신 사우(祠宇)인데, 도은(陶隱) 이숭인(李崇仁)의 영정을 모신 사당과 내삼문, 외삼문, 도은재가 있다. 뜰에는 문충공도은이선생신도비(文忠公陶隱李先生神道碑)가 서 있고, 도은집(陶隱集)의 목판 자료와 목은(牧隱) 이색(李穡)이 쓴 시문 액자가 전해지고 있다. 청휘당은 경상북도 지방문화재 245호로 지정되었다.
• 청휘당(晴暉堂)의 외삼문에는 성인문(成仁門)이라는 현판이 걸려 있고, 안채에는 문충사(文忠祠)가 있어서 도은(陶隱) 이숭인(李崇仁)의 영정을 모시고 있다.

• 근처에 오현재(梧峴齋)가 있는데, 성주(星州)이(李)씨 중시조인 농서군공(隴西君公) 이장경(李長庚)의 사당이다. 시조는 신라 재상 이순유(李純由)에서 비롯된다. 유품 전시관에는 고려말 문열공(文烈公) 이조년(李兆年)의 친필 병풍 사본과 족보, 문집, 영정들이 소장되었다.

• 남겨진 글로는 제승사(題僧舍), 오호조(嗚呼鳥), 도은집(陶隱集) 5권이 있다.

• 촌거(村居) 한시가 전하고 있다.

    적엽명촌경(赤葉明村逕)   청천수석근(淸泉漱石根)
    지편거마소(地編車馬少)   산기자황혼(山氣自黃昏)

• 삼봉(三峯) 정도전(鄭道傳)을 생각하며 쓴 시(詩)가 있다.

    불견정생구(不見鄭生久)   추풍우단연(秋風又端然)
    신편최감송(新篇最堪誦)   광태갱수련(狂態更誰憐)
    천지용오배(天地容吾輩)   강호와수년(江湖臥數年)
    상사묘하한(相思渺何恨)   극목단홍변(極目斷鴻邊).

• 도은집(陶隱集)은 조선조 태종께서 권근(權近), 변계량(卞季良) 등을 명하여 유집(遺集)을 간행한 것이다.

• 산소는 용암면 본리동 뒷산에 있다.

도은재(陶隱齋)-문충사

쉰여섯. 매국정(梅菊亭)

오얏꽃 하얀 그늘
달빛이 머뭇대고

소쩍재 울어울어
미리내 기우는데

봄이야 왔다가지만
그리움은 사무쳐

1. 이조년(李兆年)
• 고려 원종(元宗) 10년 을사(乙巳, 1268)에 태어나고, 충혜왕 복위 4년 (1343)에 돌아가니 향년이 75세이다. 고려 중기의 충직한 신하요, 절개 있는 선비이며 직간(直諫)하는 신하이었다.
• 호는 매운(梅雲)이고, 시호는 문열(文烈)이며, 자는 원로(元老)이고 본관은 성주(星州)이다.
• 매헌(梅軒) 안향(安珦)에게서 학문을 배우고, 충렬왕 20년에 문과에 급제하여 여러 벼슬을 거치고, 충렬왕 32년 원나라에 왕을 모시고 갔다가, 모함으로 유배되었다. 그 후 왕의 곧음을 알려서 귀환하게 하였고, 그 공로로 군부판서(軍簿判書)에 올랐다.
• 충혜왕 때에 왕을 호위하여 연(燕)나라에 갔었고, 후에 정당문학(政堂文

• 미리내 : 은하수의 우리말.
• 위 시조는 이조년(李兆年)의 시조를 바탕으로 엮은 것임.
• 참고자료 : 한가락 시조집 3권(1993년). 여말충의열전(麗末忠義列傳. 1994).

學) 겸 예문관대제학(藝文館大提學)을 제수받고 성산군(星山君)에 봉해졌다.

2. 매국정(梅菊亭)

• 매국정(梅菊亭)은 경상북도 고령군 운수면 대평리에 있으며, 정면 3칸 측면 2칸으로 양쪽이 방이고, 가운데가 마루로 꾸며진 건물이며, 팔작 기와지붕으로 되었다.

• 매국정(梅菊亭)은 솟을대문, 삼문에는 추연문(揪然門)의 현판이 걸려 있고, 안으로는 정면 5칸, 측면 3칸의 넓은 근성재(勤誠齋)가 있고, 그 옆에 기념비, 뒤쪽에 백화헌(百花軒)이 있다. 멀리 가야산이 보이고, 앞으로는 숫돌이 많이 나서 물빛이 검다는 흑수(黑水)가 흐른다.

• 매국정(梅菊亭)에서 5리쯤 떨어진 곳에 등화(燈火)형국에 산소가 있으며, 비석과 문신상, 혼유대, 망주석 등이 잘 갖추어져 있다.

• 이조년(李兆年)이 쓴, 완벽한 형태를 갖춘 시조 한 수가 전하고 있다. 이것은 시조의 발생 연대를 이조년(李兆年)보다 먼저일 것으로 추측하는 자료가 된다.

이화(梨花)에 월백(月白)하고 은한(銀漢)이 삼경(三更)인 제
일지춘심(一枝春心)을 자규(子規)야 알랴마는
다정(多情)도 병(病)인양하여 잠못들어 하노라

매국정(梅菊亭)

쉰일곱. 숭의재(崇義齋)

돌 틈에 솟는 샘물
졸졸졸 흘러흘러

맑고도 고운 애기
여기에 실어오나

거울내 언덕에 서면
소곤소곤 속삭여

1. 이존인(李存仁)
• 태어나고 돌아가신 때를 알지 못한다. 고려말 충절(忠節)이며, 고려조에서 대대로 융성하던 명문가의 후손이다.
• 호가 두은(杜隱)이고, 본관은 벽진(碧珍)인데, 지금의 성주(星州)이다. 공민왕(恭愍王) 때에 문과(文科)에 등과하여 관직이 공조전서(工曹典書)에 올랐다. 품행이 청렴하고 겸손하였으며, 임무에 충실하였다.
• 고려가 망하고 신조정(新朝庭)이 들어서자, 이존인(李存仁)은 관직을 벗고 귀향(歸鄕)하여 거문고와 시, 바둑으로 소일하며 지냈다. 그 때 물러난 곳이 삼도봉(三道峯) 아래 소요천(逍遙泉)이다.
• 산소는 영남(嶺南) 지례현(知禮縣) 대금산(大禁山) 기슭에 있다. 부인 최씨와 합폄(合窆)하였으나, 전화(戰禍)에 실전하고 후손들이 설단(設壇)하였다.
• 벽진(碧珍) 호족이었던 이총언(李悤言= 李蔥言, 858~938)은 신라 말기

• 거울내 : 숭의재(崇義齋) 앞을 흐르는 경호천(鏡湖川).
• 참고자료 : 한가락 시조집 16권(2006년). 여말충의열전(麗末忠義列傳. 1994).

에 고려 태조를 도와, 고려 창업에 공을 세워 벽진백(碧珍伯)에 봉해져서 본관(本貫)으로 삼는다.

2. 숭의재(崇義齋)

- 숭의재(崇義齋)는 경상북도(慶尙北道) 김천시(金泉市) 부항면(釜項面) 지좌리(智佐里)에 있으며, 고려말 은둔거사(隱遯居士)인 이존인(李存仁)을 배향하는 재실이다.
- 숭의재(崇義齋)는 정면 5칸, 측면2칸의 팔작기와지붕의 건물이다. 가운데는 우물마루이고, 양쪽에 방을 만들었다. 건물에는 모원당(慕遠堂)이라는 현판이 걸려 있고, 뜰에 이존인(李存仁)의 추모비가 서 있다.
- 주변에는 문수봉(文殊峯), 와야봉(瓦也峯)이 있으며, 숭의재(崇義齋) 앞길 건너에는 경호천(鏡湖川)이 흘러 김천으로 이어진다.
- 이존인(李存仁)이 고향에 내려와 근처에 있는 단산(丹山) 한송정(寒松亭) 경지(境地)에 있는 개사(介寺)에서 노승(老僧)과의 필답에서 노승이 남긴 시가 전하고 있다.

한운려월실기명(寒雲麗月失其明)　　망복고신혈루성(罔僕孤臣血淚成)
송악춘산방초록(松嶽春山芳草綠)　　제견일락만수성(啼鵑日落滿愁城)

숭의재(崇義齋)

쉰여덟. 월송정(越松亭)

쇠등에 가락 싣고
노닐던 솔숲 길에

구름에 가린 달은
언제쯤 나오려나

가없는 푸른 바다가
가시울에 갇혔다

1. 이행(李行)
• 고려 공민왕 원년(元年, 1351) 개성(開城) 오관리(五冠里)에서 태어나고, 임자(壬子, 1431) 9월 6일에 돌아가셨으니 향년 81세이다. 고려말의 충직한 신하요, 곧게 절개를 지킨 선비요, 학자였다.
• 자는 주도(周道)이고, 호는 기우자(騎牛子)이며, 별호(別號)는 백암거사(白巖居士)이고, 본관은 여주(驪州, 驪興)이다.
• 공민왕 20년(辛亥,1371)에 생원(生員) 진사(進士)에 합격하여 한림원수찬(翰林院修撰)과 전의부정(典義副正)을 역임하였으며, 탐라국 성주(星主) 고신걸(高臣傑)을 설득하여 조정에 복속시켰다.
• 이행(李行)은 불교를 배척하고 정통유학(正統儒學)에 따라 상례(喪禮), 제례(祭禮)에 3년을 주장하였다.
• 이행(李行)은 양잠방(養蠶方)이란 누에고치 교본을 만들어 산업을 진

• 가없다 : 그지 없다. 헤아릴 수 없다.
• 가시울 : 바닷가에 설치한 철조망.
• 참고자료 : 한가락 시조집 3권(1993년). 여말충의열전(麗末忠義列傳. 1994).

홍시켰다.
- 공양왕 때에 우왕, 창왕을 내모는데 공이 있다하여 12인에게 공신호(功臣號)를 주었는데, 이를 거절하여 청주옥에 갇히게 되었다. 이 때에 뢰우(雷雨)가 있어서 방면되었으며, 이 때를 회상하는 양촌(陽村) 권근(權近)의 시가 전하고 있다.
- 포은(圃隱) 정몽주(鄭夢周)가 명나라 사신으로 갔다가, 고려 태조 왕건(王建)의 어필 소사시백원첩(所思詩白猿帖)을 유총마(劉驄馬)로부터 얻어 가지고 와서 친구들과 대구 팔공산 동화사(桐華寺)에 모여 어필을 감상하고 연구시(聯句詩)를 지었는데, 경재(敬齋) 홍로(洪魯)의 유집에 실려 있다.

외훈정박사(巍勳鄭博士)	이섭황하사(利涉黃河槎)	- 이보림(李寶林)
태조백원첩(太祖白猿帖)	중원총마가(中原驄馬家)	- 이행(李行)
천지냉금기(天地冷金氣)	풍운포옥파(風雲抱玉葩)	- 홍로(洪魯)
금장서사사(唫將西社事)	유사동인과(留使東人誇)	- 김자수(金自粹)
선천태극정(先天太極靜)	금일홍규사(今日弘規奢)	- 안성(安省)
변수한하중(汴水山河重)	풍성세월사(豊城歲月賒)	- 홍진유(洪進裕)
십년전사명(十年傳使命)	천고건문화(千古見文華)	- 도응(都膺)

- 이행(李行)은 이조판서 때에 조영규(趙英珪)가 포은(圃隱) 정몽주(鄭夢周)를 선죽교에서 살해하자, 만세흉인(萬世凶人)이라고 상소를 하였다.
- 이행(李行)은 고려가 망하자 푸른 소를 타고 예천동(醴泉洞)에 머물다가 외향(外鄕)인 평해에 머물면서 달밤에 소를 타고 피리를 불면서 거닐었다고 한다. 그래서 기우자(騎牛子)라는 별칭이 생겼다.
- 이행(李行)이 월송정(越松亭)을 읊은 시가 있다.

창명백월반부송(滄溟白月半浮松)	고각귀래흥전농(叩角歸來興轉濃)
음파정중잉취도(吟罷亭中仍醉倒)	단구선려몽상봉(丹丘仙侶夢相逢)

2. 월송정(越松亭)

- 월송정(越松亭)은 경북 울진군 평해읍 월송리에 있으며, 정면 5칸, 측면 3칸의 큰 정자이다. 이름은 중국 월(越)나라에서 소나무를 가져다가 주변에 심어서 월송정(越松亭)이란 이름이 생겼다고 한다.
- 월송정(越松亭)은 정철(鄭澈)이 지은 관동별곡(關東別曲)에 나오는 관동팔경(關東八景) 중에서 가장 남쪽에 위치한 곳으로, 예로부터 소나무와 달밤에 바다를 구경하기가 좋은 곳으로 알려진 곳이다.
- 이행(李行)은 평해에 와서 백암산(白巖山) 아래에 살았고, 원천석 등과 더불어 뜻을 같이 했다고 한다.
- 산소는 금천(金川) 영청동(永淸洞) 설봉산(雪峰山) 아래에 있다.
- 이행(李行)이 달빛 아래에서 소를 타고 노니는 모습을 그린 그림을 월하기우도(月下騎牛圖)라고 한다. 일본(日本)에서 도래(渡來)한 화승(畵僧) 중암(中庵) 석수윤(釋守允)이 그렸다고 한다.

월송정(越松亭)

쉰아홉. 숭의재(崇義齋)

화안한 녯 숨음들
오롯이 밝게 빛나

두 마리 이무기로
새 뜰에 우뚝 솟고

옹골찬 노래 가락이
울을 넘어 퍼진다

1. 장보지(張輔之)
• 태어나고 돌아가신 때를 알지 못한다. 고려말의 충신으로 불사이군(不事二君)의 절개로 몸을 온전하게 유지한 인물이다.
• 호는 일은(一隱), 또는 달산(達山)이고, 자는 문형(文亨)이며, 본관은 순천(順天)이다.
• 일찍이 문과에 등과하여 공민왕 때에 벼슬이 이조전서(吏曹典書) 판서운관사(判書雲觀事)에 올랐고, 순성좌리공신(純誠佐理功臣)으로 승평군(昇平君)에 봉해졌다.
• 장사검(張思儉)은 장보지(張輔之)의 아들인데 자는 사덕(士德)이며, 호는 이은(二隱)으로 고려말에 조산대부(朝散大夫) 사재소감(司宰少監) 중추원녹사(中樞院錄事)를 지냈는데, 고려가 망하자, 불사이군(不事二君)으로 절개를 지켜서 의성군 원흥리로 낙향하였으며, 의성 순천장씨의 입향

• 녯 숨음들 : 장보지(張輔之)는 일은(一隱), 아들 장사검(張思儉)은 이은(二隱), 손자 장비(張斐)는 세은(世隱), 손자인 장헌(張憲)은 삼은(三隱)이다.
• 참고자료 : 한가락 시조집 10권(2000년). 여말충의열전(麗末忠義列傳. 1994).

조(入鄕祖)가 되었다.
• 장보지(張輔之)의 손자인 장비(張裴)는 벼슬이 충의교위사직(忠毅校尉司直)으로 호가 세은(世隱)이며, 또다른 손자인 장헌(張憲)은 자헌대부(資憲大夫) 중추원녹사(中樞院錄事)로 호가 삼은(三隱)이니 모두가 할아비의 뜻을 따라 3대에 걸쳐서 4은(四隱)이 나온 가문이다.

2. 숭의재(崇義齋)

• 숭의재(崇義齋)는 경상북도 의성군 의성읍 도동리에 있으며, 장보지(張輔之)를 추모하는 곳이다. 정면 3칸, 측면 2칸 반으로 기석위에 나무 기둥을 둥글게 세운 팔작기와지붕이다. 측면 2칸은 방으로 꾸몄다.
• 마당에는 장보지(張輔之)의 신도비와, 재실을 중축한 송덕비가 오석에 새겨졌고, 이수와 귀부로 장식하였다.
• 근처에 문소루(聞韶樓)가 있다. 문소루(聞韶樓)는 안동(安東)의 영호루(映湖樓), 진주(晋州)의 촉석루(矗石樓), 밀양(密陽)의 영남루(嶺南樓)와 함께 영남의 4대 누각이다. 몇 번의 소실을 거쳐 1983에 새롭게 단장하였다. 문소(聞韶)는 의성의 옛 이름이다.

숭의재(崇義齋)

예순. 옥계서원(玉溪書院)

나무로 엮은 다리
골 해에 다사롭고

올바로 다진 마음
잘 해에 빛나리라

속삭임 정겨운 터에
감아도는 솔내음

1. 장안세(張安世)
• 태어나고 돌아가신 때를 잘 알지 못한다. 고려말(高麗末) 절의충신(絶義忠臣)이며, 두문동(杜門洞) 72현의 한 분이다.
• 호(號)가 송은(松隱)이고, 본관(本貫)은 인동(仁同)이며, 시호(諡號)는 충정공(忠貞公)이다(諡望 = 忠貞, 事君盡節曰忠 淸白自守曰貞). 고려말에 벼슬이 정헌대부(正憲大夫) 덕령부윤(德寧府尹)이었다.
• 함흥(咸興)에 부임했을 때, 홍수가 범람했는데, 10여년동안 물을 다스리고 큰 나무를 엮어 성천강(成川江)에 만세교(萬世橋)를 설치하여 백성들의 생활을 이롭게 하였다.
• 함흥(咸興)은 이성계(李成桂)의 고향이어서 장안세(張安世)와 아들 장중양(張仲養)과 교분이 있었다. 임신년(壬申年) 후에 태조께서 친구의 정

• 골 : 만(萬)의 우리말 셈글자.
• 잘 : 억(億)의 우리말 셈글자.
• 솔내음 : 소나무 향기란 말로 올바르고 깨끗한 정신.
• 참고자료 : 한가락 시조집 17권(2007년). 여말충의열전(麗末忠義列傳. 1994).

의(情誼)로 여러 번 벼슬을 권했으나, 부자(父子)가 모두 사양하고, 인동읍내(仁同邑內) 유학산(留鶴山) 기슭 옥산(玉山)에 은거(隱居)하였다.
• 함흥(咸興) 성천강(成川江)에서 만세교(萬世橋)를 놓고 낙민루(樂民樓)라고 제목한 우감시(寓感詩)가 전한다.

　　원기쌍분상고전(元氣雙分上古前)　　흥망물색상삼연(興亡物色尙森然)
　　환향사원정천재(還鄕事遠丁千載)　　치수공여우팔년(治水功餘禹八年)
　　황국찬란혐백수(黃菊燦爛嫌白鬚)　　창송언건읍고전(蒼松偃蹇挹高顚)
　　환유지욕부왕화(宦遊只欲扶王化)　　하용구구부귀전(何用區區富貴全)

2. 옥계서원(玉溪書院)

• 옥계서원은 경상북도(慶尙北道) 구미시(龜尾市) 인의동(仁義洞)에 있으며, 경절묘(景節廟)에서 장안세(張安世)를 배향(配享)하고 있다.
• 옥계서원(玉溪書院)은 여섯 채의 건물이 있는데, 정문인 仁義門(인의문)이 있고, 앞에 옥계서원(玉溪書院)이 있으며, 뒤에 경절묘(景節廟)가 있다. 내삼문(奈三門)을 지나면 옥산사와 옥계사가 있어서, 시조(始祖) 장금용(張金甬)을 배향하고 있다.
• 노계(蘆溪) 박인로(朴仁老)가 조홍시가(早紅枾歌)를 지은 곳이 한음(漢陰) 이덕형(李德馨)의 집이라는 기록이 있는데, 이것은 장안세(張安世)의 8세손되는 여헌(旅軒) 장현광(張顯光)의 집이라는 것이다.

옥계서원(玉溪書院)

예순하나. 여차정(如此亭)

밝은 달 맑은 바람
이같이 가득하여

늘어진 배롱나무
가지를 흔들더니

오늘은 가슴 벅차나
삼문 밖을 나선다

1. 장학(張㝢)
• 광해조(光海祖) 갑인(甲寅, 1614)에 태어나 현종 기유(己酉, 1669)에 세상을 떠났다. 조선조 후기의 청렴한 선비이며 학자이다.
• 자는 성원(聖源)이고, 호는 남파(南波)이고, 본관은 인동(仁洞)이다. 고려말 두문동 72인의 한 사람인 장안세(張安世)의 후손으로 만회당(晩晦堂)의 아들이며, 장여헌(張旅軒)의 문인(門人)이다.
• 인조 20년(1642) 생원시에 합격하여 효종 3년에 천거로 창릉 참봉에 제수되었으나 거절하였으며, 청렴한 유학자로 저작 활동에만 노력하였다.

2. 여차정(如此亭)
• 여차정(如此亭)은 경상북도 구미시 임수동에 있으며, 장학(張㝢)이 효종(1659)때 직접 지은 정자로 제자들과 함께 공부하던 곳이다.
• 여차정(如此亭)은 굽은 집으로 방을 꾸며 사용한다. 그 뜻은 바깥 세상

• 참고자료 : 한가락 시조집 3권(1993년).

은 더러우나, 여기는 이와같이 맑다라는 것으로 정자기(亭子記)에 나타나 있다.

• 문중에서 관리하는 장학(張澩)의 육약당(六若堂)이 있으며, 여헌(旅軒)의 남산고택(南山古宅)과 장학(張澩)의 11대 조상인 여말의 충신 장안세의 사당인 경절묘(景節廟)와 옥계서원(玉溪書院) 등이 주위에 있다.

여차정(如此亭)

예순둘. 무우정(舞雩亭)

옷 벗어　걸어 놓고
벗들과　넘은 고개

물안개　덮힌 강물
그 때도　흘렀을까

시름을　달래는 노래
바람결에　실릴 듯

1. 채귀하(蔡貴河)
• 태어나고 돌아가신 때를 알지 못한다. 고려말 절의충신(節義忠臣)이며, 두문동(杜門洞)에 들어간 72명의 한 사람이다.
• 자는 청일(淸一)이요, 호는 다의당(多義堂)이며, 본관은 인천(仁川)이요, 달성에서 태어났다.
• 포은(圃隱) 정몽주(鄭夢周)에게서 성리학을 배웠고 호조전서(戶曹典書)에 올랐다.
• 평산의 모란산(牡丹山)에 은자 삼현(隱者三賢)이 있으니, 서쪽에는 목은(牧隱) 이색(李穡)이 살던 탁영대(濯纓臺)가 있고, 동쪽에는 신황의(申黃衣)옹이 사는 배록동(排祿洞)이 있고, 가운데는 채귀하(蔡貴河)가 살던 다의현(多義峴)이 있다고 한다.
• 다의현(多義峴)에서 송경(松京)을 바라보고 읊은 시가 있다.

• 고개 : 이현(梨峴), 부조현(不朝峴), 괘관현(掛冠峴). 같은 곳의 이름.
• 참고자료 : 한가락 시조집 8권(1998년). 여말충의열전(麗末忠義列傳. 1994).

진일산려죽호국(盡日山廬竹戶局)　　요간송악모운명(遙看松嶽暮雲冥)
추풍고국태이감(秋風故國泰離感)　　자고고신체루영(自古孤臣涕淚零)

2. 무우정(舞雩亭)

• 무우정(舞雩亭)은 경상북도 상주시 사벌면 삼덕리에 있으며, 채귀하(蔡貴河)의 8대 후손인 우담(雩潭) 채득기(蔡得沂)가 선대(先代)의 뜻을 기려 세운 정자다.
• 채귀하(蔡貴河)는 30여리 떨어진 곳에 영귀정(詠歸亭)을 짓고 시름을 달랬으나, 지금은 터만 남아 있다.
• 경천대(敬天臺)는 자천대(自天臺)라고도 하는데, 상주시민들의 관광지로, 무우정(舞雩亭), 경천대비(敬天臺碑), 돌로 된 말구유 등의 사적지가 있고, 낙동강과 절벽이 어울려 경치가 빼어난 곳이다.
• 산소는 평산 궁위면 부처골에서 남쪽을 바라보는 언덕에 있다.
• 채귀하(蔡貴河)는 손수 백이숙제(伯夷叔齊)가 고사리를 캐는 모습을 그린 관채미도(觀採薇圖)를 보면서 쓴, 관채미도시(觀採薇圖詩)가 있다.

일곡서산채채미(一曲西山採採薇)　　채미비직위신기(採薇非直爲身饑)
종주천지전은절(宗周天地全殷節)　　수폭단청만고휘(數幅丹靑萬古輝)

무우정(舞雩亭)

예순셋. 척서정(陟西亭)

올곧음 붙잡으니
무엇이 두려울까

갈 길을 곧게 걸어
스물을 바쳤으니

맺힌 한 풀어 헤쳤나
흰 물보라 세차다

1. 홍노(洪魯)
• 고려 공민왕 15년 병오(丙午, 1365년)에 태어나고, 조선조 원년(1392년)에 돌아가셨으니, 향년 27세였다. 홍노(洪魯)는 고려왕조가 조선왕조로 바뀌는(임신변혁-壬申變革) 1392년 7월 17일 자결하였다.(또는 병사하였다는 기록이 있다) 고려말 절의충신(節義忠臣)이다.
• 자는 득지(得之)이며, 호는 경재(敬齋)이고, 본관은 부계(缶溪)이다. 공양왕 2년 별시(別試)에 합격하였으며, 글 솜씨가 뛰어나 목은(牧隱)이 숙속지문(菽粟之文)이라고 칭찬하였다고 한다.
• 홍노(洪魯)가 낙향할 때 포은(圃隱)에게 작별을 고하며 남긴 시가 있다.

　　평생충의온제심(平生忠義蘊諸心)　　치택군민포부심(致澤君民抱負深)
　　만사우금위숙계(萬事于今違宿計)　　불여귀거와운림(不如歸去臥雲林)

• 부계면 창평리에 산소가 있다. 동자상과 선비상이 있고, 산소는 원분

• 흰 물보라 : 양산폭포(陽山瀑布).
• 참고자료 : 한가락 시조집 2권(1992년). 여말충의열전(麗末忠義列傳. 1994).

으로 둥그렇게 되어 있으며, 잘 정돈되어 있다.

2. 척서정(陟西亭)

• 척서정(陟西亭)은 경상북도 군위군 부계면 남산동에 있다. 정면 3칸, 측면 2칸으로 벼랑 위에 팔작기와지붕으로 세웠다.

• 척서정(陟西亭) 입구에 넓은 소나무 숲이 있어 홍노(洪魯)의 정신을 나타내는 듯하다. 근처에는 양산폭포(陽山瀑布)가 있고 너럭바위 위에 삼존석굴(三尊石窟)이 있다.

• 최근에 중건한 양산서당(陽山書堂)이 있다. 강당 중창기 비문에 "팔공산(八公山) 북록(北麓) 양산(陽山)과 수산(首山) 사이 유좌지원(酉坐之原)에 자리잡은 양산서원(陽山書院)은 여말(麗末) 경재(敬齋) 홍선생(洪先生) 휘(諱) 노(魯)의 유적지(遺跡地)이다."라고 한글을 함께 사용하고 있다.

• 홍노(洪魯)가 쓴 한시(漢詩)가 전하고 있다.

추입부소목엽비(秋入扶蘇木葉飛)　　고원어채정감비(故園魚菜政甘肥)
삼년작객정위광(三年作客情慰曠)　　천리사친환념미(千里思親宦念微)
사폐금조심권권(辭陛今朝心眷眷)　　귀전타일몽의의(歸田他日夢依依)
신거점원남환로(宸居漸遠南還路)　　행매지지나권비(行邁遲遲懶勸騑)

척서정(陟西亭)

예순넷. 매학정(梅鶴亭)

해오리 그리려니
널쪽이 좁았더냐

애끓는 마음 갈아
붓 끝을 휘갈기니

매화꽃 향이 매웠나
그리움이 겨웠나

1. 황기로(黃耆老)
• 황기로(黃耆老)의 태어나고 돌아가신 때는 알 수 없다. 조선 중기의 서예가로 성품이 풍류를 즐기며, 시와 책으로 일과를 삼았다.
• 자는 태수(鮐叟)이고, 호는 고산(孤山), 또는 매학(梅鶴)이며, 본관은 덕산(德山)이다.
• 중종 29년(1534)에 진사에 합격하였으나, 벼슬을 탐하지 않고 고향에 돌아와, 낙동강 서쪽 보천산(寶泉山) 위에 매학정(梅鶴亭)을 짓고, 매화를 심고 학을 짝하여 한가롭게 살았다고 한다.
• 서예에 능하였으며, 특히 초서(草書)를 잘 써서 초성(草聖)으로 불리었다. 그의 동생 황영로(黃榮老)도 글씨로 이름을 날렸다.

• 겹다 : 감정이 거세게 일어나 참기 힘들다.
• 참고자료 : 한가락 시조집 3권(1993년).

2. 매학정(梅鶴亭)

• 매학정(梅鶴亭)은 경상북도 선산군 고아면 예강리에 있는 정자인데, 황기로(黃耆老)가 세운 것으로 여러 번 중축하였다. 경상북도 기념물 제16호이다. 낙동강을 앞에 두고 있으며, 도리사(桃李寺)를 강 건너에 둔 곳으로 정면 4칸이고, 측면 2칸의 팔작기와지붕이다. 중종 28년(1533)에 건립되었다.

• 원래는 황기로(黃耆老)가 세운 정자인데, 후손이 단절되어 이율곡의 4형제 중 막내인 이우(李瑀)가 소유하고, 그 문중에서 관리하고 있다. 이우(李瑀)는 황기로(黃耆老)의 외손자이다.

• 황기로(黃耆老)의 유고 한시(漢詩)가 전한다.

애루쌍수락수전(哀淚雙垂洛水前)   선군증도차강변(先君曾到此江邊)
막언고조유정편(莫言孤鳥幽亭偏)   비위명구미승견(非爲名區美勝牽)
감수비풍무정일(憾樹悲風無靜日)   만강명월유어선(滿江明月有漁船)
소과인독소선부(蘇過忍讀蘇仙賦)   타일무유이대년(他日無由鯉對年)

매학정(梅鶴亭)

경상남도 편

용강서사(龍岡書祠)	박추(朴諏)
맥산재(麥山齋)	성인보(成仁輔)
거연정(居然亭)	전시서(全時敍)
심원정(心源亭)	전춘원(全春源)
심원정(尋源亭)	정지영(鄭芝榮)
청계서원(淸溪書院)	정천익(鄭天益)
망송재(望松齋)	한철충(韓哲冲)
도연서원(道淵書院)	허기(許麒)

예순다섯. 용강서사(龍岡書祠)

한 잔 술 받들려고
대사립 밀었더니

오리발 두 그루가
솟구쳐 아름드리

문 걸고 콩죽만 떠도
한결같은 큰 마음

1. 박추(朴諏)
- 태어나고 돌아가신 때를 알지 못한다. 고려말의 절의충신(節義忠臣)이며, 두문동(杜門洞)에 들어가신 72현의 한 분이시다.
- 호는 사은(沙隱)이고, 본관은 흥려(興麗)이다. 흥려(興麗)는 그 뜻이 고려(高麗)를 일어나게 한다는 것이다. 지금은 울산(蔚山)으로 바뀌었다. 처음 이름은 박비(朴毖)였는데 임신년 뒤에 고쳤다고 한다.
- 박추(朴諏)는 송경(松京-지금의 개성)에서 태어나고, 공민왕조에 문과(文科)에 등과한 후에 충청감사(忠淸監司) 등 내외직(內外職)을 역임하였다.
- 조선조가 개국하자 동생되는 유은(柳隱) 박유(朴愈)와 더불어 울주(지금의 울산)로 내려왔다. 이 때에 목은(牧隱) 이색(李穡)과 야은(冶隱) 길재(吉再) 등과 더불어 쓴 이별시가 전한다.

　　견제촉국삼춘혈(鵑啼蜀國三春血)　　학반요양만리심(鶴返遼陽萬里心)

- 오리발 : 은행나무의 우리말 이름.
- 콩죽만 뜨다 : 두죽재상(豆粥宰相)의 뜻. 청빈하게 생활함.
- 참고자료 : 한가락 시조집 16권(2006년). 여말충의열전(麗末忠義列傳. 1994).

• 이시중(李侍中)과 길주서(吉注書)가 벼슬을 버리고 고향으로 돌아가자, 박추(朴諏)도 고향인 사량동(沙良洞)으로 돌아와 신왕조와 관계를 단절하였다. 그리고 북향(北向)하여 앉지고 않고, 밤낮으로 삿갓을 쓰고 출입하며, 죽만 먹었다고 해서 마을사람들이 두죽재상(豆粥宰相)이라고 높여 불렀다.

2. 용강서사(龍岡書祠)

• 용강서사(龍岡書祠)는 경상남도(慶尙南道) 양산시(梁山市) 웅상읍(熊上邑) 용당리(龍塘里)에 있으며 박추(朴諏)와 박유(朴愈)를 추모하는 사당이다. 전면 5칸, 측면 2칸의 팔작기와지붕이며 우물마루와 방으로 꾸며졌고, 솟을대문이다.

• 울산 박씨가 관리하는 흥례서원(興禮書院)이 울산시 중구 태화동산 36-6에 있다. 명정들과 오산(鳥山) 태화강이 주변에 있으며, 수관재와 말응정, 재실과 정자가 함께 있다. 말응정은 지금 명정으로 바뀌었고, 하마비(下馬碑)가 있던 곳은 하말이라고 불리며, 지금의 희마아파트 뒤쪽이다.

• 산소는 도계산(陶溪山) 간좌원(艮坐原)에 있다.

• 대문 옆에는 신도비와 비각이 있으며, 뜰에는 아름드리 은행나무가 두 그루 양쪽에서 자라고 있다. 근처 대운산(大雲山) 자락에 용당(龍塘)이 있다고 하며, 고을 이름이 비롯되었다고 한다.

용강서사(龍岡書祠)

예순여섯. 맥산재(麥山齋)

다섯 칸 두리기둥
겹처마 받친 다락

골마루 틈새틈새
옛 애기 무르익어

새롭게 영글어간다
아름드리 느티여

1. 성인보(成仁輔)
• 태어나고 돌아가신 때를 잘 알지 못한다. 고려(高麗) 인종(仁宗) 때에 호장(戶長)으로 중윤(中尹) 벼슬을 했으며, 창녕(昌寧) 성씨(成氏)의 시조(始祖)가 된다. 고려말(高麗末) 절의충신(節義忠臣)이다.
• 충(忠)과 효(孝)를 가훈으로 삼아, 곧은 후손들이 많이 배출되었다. 이헌(怡軒) 성여완(成汝完), 정절(貞節) 성사제(成思齊), 청송(廳松) 성수침(成守琛)과 조선조에서 매죽헌(梅竹軒) 성삼문(成三問) 등이 후손이다.
• 성인보(成仁輔)가 아들 성송국(成松國)과 함께 개성에서 조정정사에 참여하러 왔다가 병으로 돌아가셨다. 이에 성인보(成仁輔)의 시신을 지금의 산소 자리까지 손수 옮겨 장례를 치렀다. 이야기에는 호랑이가 옮겨줘서 산소 옆에 호랑이 묘도 마련했다고 한다.
• 후에 아들 성송국(成松國)은 과거에 급제하였고 문하시중(門下侍中)에

• 두리기둥 : 둘레를 둥그렇게 깎아 만든 기둥. 둥근 기둥.
• 아름드리 : 한 아름이 넘는 큰 나무나 물건.
• 참고자료 : 한가락 시조집 17권(2007년). 여말충의열전(麗末忠義列傳. 1994).

올랐으며, 천리친부시(千里親負尸)의 일은 효행록(孝行錄)에 기록되었다.

2. 맥산재(麥山齋)

- 맥산재(麥山齋)는 경상남도(慶尙南道) 창녕군(昌寧郡) 대지면(大池面) 모산리(牟山里)에 있으며, 중윤(中尹) 성인보(成仁輔)를 배향하는 재실이다. 앞 5칸, 옆 2칸의 팔작기와지붕에 행랑채가 딸린 삼문이 있다.
- 뜰에는 보호수 느티나무가 수령 600년을 살고 있다.
- 산소는 전면이 방분(方墳)이고 후면이 원분(圓墳)이다. 전형적인 고려 묘지 양식이다. 무덤과 상석 사이에 매난국죽(梅蘭菊竹)을 조각한 돌병풍이 있다.
- 물계서원(勿溪書院)은 1724년에 창건하여 19위를 춘추로 봉향(奉享)하고 있으며, 물계서원(勿溪書院)에 소장(所藏)된 책판(冊板)은 경상남도 유형문화재 제266호로 지정되었다. 내용은 정절(貞節) 성사제(成思齊)의 사적을 기록한 두문동선생실기(杜門洞先生實記), 조선조 성리학(性理學)의 대가였던 우계(牛溪) 성혼(成渾)의 문집, 그리고 창녕(昌寧) 성씨(成氏) 일가(一家)의 족보 및 인물전을 간행하기 위해 제작된 것들이다. 현재 이곳에는 총 437매의 책판이 보존되고 있다.
- 근처에는 부곡온천과 우포늪이 있다.

맥산재(麥山齋)

예순일곱. 거연정(居然亭)

솔 그늘　지붕 삼고
너덜골　거닐면서

밭 매고　누에 치며
이렇게　살아야지

살다가　치미는 시름
가얏고로　달래자

1. 전시서(全時敍)
• 조선 선조 34년(辛丑, 1600)에 태어나고, 숙종 4년(戊午, 1677)에 돌아가시니 향년 78세이다. 조선 중기의 학자이며, 나라를 사랑하는 선비이다.
• 자는 경삼(景三)이고, 호는 화림재(花林齋)이며, 본관은 정선(旌善)이다.
• 동계공(桐溪公) 정온(鄭蘊)에게서 학문을 배웠으며, 병자호란이 일어나고, 삼전도(三田渡)의 치욕을 당하여 동계공(桐溪公)이 덕유산 자락에 은거하자, 전시서(全時敍)도 봉전리에 은거하였다. 그리고 동계공(桐溪公)이 돌아가시자, 3년상을 지내고 세상과의 연락을 끊고 재물이나 벼슬을 탐하지 않고 깨끗한 정신을 지키며 세상을 살았다.

2. 거연정(居然亭)
• 거연정(居然亭)은 경상남도 함양군 서하면 봉전리에 있으며, 전시서

• 너덜골 : 돌이 많이 흩어져 덮힌 골짜기.
• 참고자료 : 한가락 시조집 5권(1995년).

(全時敍)를 추모하는 곳이다. 정면 3칸, 측면 2칸으로 팔작기와지붕이며, 큰 개울 안에 있는 바위 위에 기초를 하고 세웠다. 주변경치와 깊은 소(沼)가 인상적이며, 경치가 좋다. 가운데에 작은 방을 꾸며서 쉴 수 있게 만들었다.

- 전시서(全時敍)가 남긴 7언 한시(漢詩)가 지금도 전한다.
- 사락정(四樂亭)은 전철(全轍)을 추모하는 정자로, 거창군 마리면 영선리에 있다. 전철(全轍)은 을묘사화(乙卯士禍)를 당하여 벼슬을 버리고 고향에 내려와 증조부의 정자를 중수하여 이름을 사락정(四樂亭)이라고 붙였다.
- 사락(四樂)이란 농가의 즐거움(田家樂), 잠가의 즐거움(蠶家樂), 어가의 즐거움(漁家樂), 나무꾼의 즐거움(樵人樂)을 말한다.

거연정(居然亭)

예순여덟. 심원정(心源亭)

파아란 하늘 그려
나래 편 막새 처마

서린 맘 잇고 이어
여기에 매듭되니

노래도 맑고 고와라
눈이 시린 들뫼야

1. 전춘원(全春源)
- 태어나고 돌아가신 때를 잘 알지 못한다. 조선 중기에 활동한 선비요 처사(處士)이다. 다만 1710년(庚寅)에 정선에서 거창(居昌) 산포(山浦)로 옮겨와서 살았다는 기록이 있다.
- 호는 심원(心源)이며, 본관은 정선(旌善)이다.
- 고려말의 충신인 전오륜(全五倫)은 정선의 거칠현동에서 30여년가량 머물다가, 말년에 장인이 되는 벽은(僻隱)을 따라서, 아들 전맹겸(全孟謙)이 있는 경남 합천에 와서 살다가 세상을 떠났다. 그래서 산소를 합천에 모셨다. 벽은(僻隱)은 청천부원군(菁川府院君) 유번(柳蕃)으로 전오륜(全五倫)의 장인이다. 유번(柳蕃)이 정선 아라리를 부르기 시작했다고 한다.
- 합천은 그가 군수를 지냈고, 아들 또한 군수를 지냈던 고을이다. 전오륜(全五倫)은 합천에 묻혔는데, 전춘원(全春源)은 조상이 되는 전오륜(全五倫)의 제향을 모시기 위하여 거창으로 이주한 것이다. 그래서 입향

- 참고자료 : 한가락 시조집 11권(2001년).

시조가 되었다.
- 전오륜(全五倫)묘지는 합천댐 수몰지가 되면서, 1986년 정선군 거칠현동의 서운산 자락으로 옮겨졌다.

2. 심원정(心源亭)

- 심원정(心源亭)은 경상남도 거창군 남하면 무릉리에 있으며, 전춘원(全春源)을 추모하여 2000년에 7대손되는 범산(凡山) 전성룡(全聖龍)이 세운 정자이다.
- 범산(凡山) 전성룡(全聖龍)은 현대의 묘지 문화를 개혁하는데 솔선수범하여, 문중의 납골묘(納骨墓)를 만들었다. 납골묘(納骨墓)는 강정산(江亭山) 기슭에 있으며, 앞으로는 황강천(黃江川)이 흐르고, 그 너머에는 감악산(甘岳山)이 있다.
- 심원정(心源亭)의 기문(記文)은 중관(仲觀) 최권흥(崔權興)이 쓰고, 정자 현판은 한가락 회원으로 활동하는 설전(雪筌) 임준신(任準臣)이 쓰고 판각하였다.

심원정(心源亭)

예순아홉. 심원정(尋源亭)

벼슬 끈 풀었더니
이 골짝 나를 묶어

물 따라 걷는 골이
끝날 듯 굽이 돌고

오늘은 가을에 갇혀
오도 가도 못한다

1. 정지영(鄭芝榮)
• 태어나고 돌아가신 때는 알지 못한다. 조선 명종조에 태어났으니, 조선조 중기의 인물이다. 부모님에 대한 효도(孝道)를 다한 사람이며, 오직 학문에만 뜻을 두어 청렴한 마음으로 세상을 살아가신 선비이다.
• 정지영(鄭芝榮)의 호는 돈암(遯菴)이고 본관은 초계(草溪)이다.
• 높은 학문과 인품이 알려져 거제(巨濟)부사로 임명되어 2년 동안 선정을 베풀어 거제에 죄인과 도둑이 없었다고 한다. 후에 통정대부(通政大夫)로 승진되었으나, 응하지 않고 고향에서 거문고와 학문에 전념하면서 여생을 보냈다.

2. 심원정(尋源亭)
• 심원정(尋源亭)은 경상남도 함양군 안의면 하원리에 있으며, 정지영(鄭芝榮)이 지은 정자이다. 안의면 용추계곡은 지금 산림욕장과 위락시

• 참고자료 : 한가락 시조집 5권(1995년).

설이 있는 곳으로 용추사(龍秋寺) 입구에 있다.
- 심원정(尋源亭)은 누각 형태로 높은 기석위에 세워진 건물로 팔작기와지붕이며, 계단이 있고, 마루 끝에는 난간을 만들어 놓았다. 주변 경치가 매우 아름답다.
- 심원정(尋源亭) 서문(序文)은 정지영(鄭芝榮)이 직접 쓰신 것으로 심원정(尋源亭)을 건축한 뜻이 잘 나타나 있다.

심원정(尋源亭)

일흔. 청계서원(清溪書院)

휘감는 물레틀질
어깨춤 절로 둥실

씨아질 숨 고르면
싱그런 다래 내음

맘 졸여 기르던 낟알
망울 부퍼 터지다

1. 정천익(鄭天益)
- 고려 충렬왕(忠烈王) 20년(甲午, 1293)에 태어나서 여흥왕(驪興王) 원년(元年)(乙酉, 1374)에 돌아가셨으니, 향년 82세이다. 고려말의 학자요, 청결한 성품으로 민중과 함께 생활한 사람이다.
- 정천익(鄭天益)은 본관이 진양(晋陽)이며, 삼우당(三憂堂) 문익점(文益漸)의 장인이다. 판관(判官)을 거쳐 개성판부사(開城判府事)를 역임했다.
- 문익점(文益漸)은 정천익(鄭天益)의 문하생으로, 후에 벼슬에 나아가 원나라에 사신을 봉행하는 중에 목화씨를 가져온 것으로 알려졌다.
- 정천익(鄭天益)은 공민왕(恭愍王) 12년(1362)에 벼슬에서 물러나 양림천(養林泉)에 와서 머물면서 퇴헌(退軒)이라는 정자를 짓고 송죽(松竹)을 가꾸면서 여생을 보냈다. 이 때에 문익점(文益漸)과 서로 주고받은 한시가 전하고 있다.

- 물레틀질 : 목화를 실로 만드는 기계.
- 씨아질 : 목화에서 솜과 씨앗을 골라 내는 기계. 정천익이 만들었다고 함.
- 다래 : 목화의 어린 싹.
- 참고자료 : 한가락 시조집 10권(2000년). 여말충의열전(麗末忠義列傳. 1994).

세사임리불욕견(世事淋漓不欲見)　　만정송죽임청한(滿庭松竹任淸閒) - 정천익
　　산애계구호유취(山靉溪鷗護幽趣)　　수지임학양청한(誰知林壑養淸閒) - 문익점

- 문익점(文益漸)은 원나라에서 목화씨앗 10개를 붓대롱에 숨겨왔으나, 재배법을 몰랐고, 또한 당시에는 원나라 이외의 땅에서 목화를 재배하는 것이 법으로 금지되어 목화를 재배하는 것이 매우 어려운 시기였다.
- 그래서 문익점(文益漸)은 장인과 서로 5개씩의 씨앗을 나눠 시험재배를 했는데 장인이 재배에 성공하게 된다. 그 후 정천익(鄭天益)은 원나라 상인에게서 재배법을 전수받고 토질과 기후를 점검하여 마을과 온 나라에 보급하게 된다. 그리고 목화의 씨앗을 고르는 씨아라는 기계와, 실을 삼는 물레를 만들어 목화의 활용에 크게 기여하였다.

2. 청계서원(淸溪書院)

- 청계서원(淸溪書院)은 경상남도 진주시 본성동에 있으며, 정천익(鄭天益)을 추모하는 곳이다. 정면 6칸, 측면 2칸반으로 측면 2칸은 방으로 꾸몄다. 팔작기와지붕이며 기단위에 기초석을 놓고 기초석에 둥근기둥을 세워 지붕을 받들고 있다.
- 경남의 4대 정자는 진주성(晉州城) 촉석루(矗石樓), 밀양(密陽) 영남루(嶺南樓), 의성(義城) 문소루(聞韶樓), 안동(安東)의 영호루(映湖樓)이다.

청계서원(淸溪書院)

일흔하나. 망송재(望松齋)

이무기 삿갓 쓰고
돌거북 등에 얹혀

여섯 온 긴 날들을
솔내음 꿈꾸는데

그리움 길고 짙었다
돌옷 겹낀 세 조각

1. 한철충(韓哲冲)
• 충숙왕(忠肅王) 8년 신유(辛酉, 1339)에 태어났고 돌아가신 때는 알지 못하나 모년(某年) 6월 25일에 타계하신 기록이 있다. 고려말(高麗末) 절의충신(節義忠臣)이며 두문동(杜門洞) 72현이다.
• 휘(諱)가 철충(哲冲)이고, 자(字)는 홍도(弘道)이며, 호(號)는 몽계(夢溪), 본관(本貫)은 청주(淸州)이다.
• 충혜왕 복위 2년(1341)에 생원시(生員試)에 장원하고 공민왕 2년(1353)에 문과에 급제하여, 양광도 안렴사(楊廣道 按廉使), 전법판서(典法判書)를 역임하였다.
• 목은(牧隱)과 함께 문과에 급제하였고, 포은(圃隱), 야은(冶隱), 초은(樵隱), 운곡(耘谷)과 교유하면서, 경학(經學)과 홍범지서(弘範知書)에 능하였

• 솔내음 : 고려의 도읍지 송도.
• 여섯 온 : 온은 백(百)의 우리 숫자. 600년.
• 돌옷 : 돌에 난 검푸른 이끼. 오랜 시간.
• 참고자료 : 한가락 시조집 16권(2006년). 여말충의열전(麗末忠義列傳. 1994).

다. 특히 초은(樵隱) 이인복(李仁復)과 친하였으며, 한철충(韓哲沖)을 칭찬하는 시가 전하고 있다.

경술유위귀(經術儒爲貴)　염능세소현(廉能世所賢)
원군수노력(願君須努力)　오도갱부전(吾道更扶顚)

• 고려(高麗)의 국운이 기울자 두문동을 거쳐 상주(尙州) 백원산(白原山)에 은거하고, 다시 고령(高靈) 석절촌(石節村) 벽송정(碧松亭)을 거쳐 합천(陜川) 조동(釣洞)에서 세상을 떠났다. 이 때 남긴 시가 전한다.

낙일청계상(落日淸溪上)　한와몽전조(閑臥夢前朝)

2. 망송재(望松齋)
• 망송재(望松齋)는 경상남도(慶尙南道) 합천군(陜川郡) 용주면(龍州面) 용지리(龍旨里)에 있으며 한철충(韓哲沖)을 배향하는 재실이다.
• 망송재(望松齋) 앞 언덕을 넘어 서면 지방도로가 나오고, 논 가운데에 한철충(韓哲沖) 신도비(神道碑)가 서 있다. 이수와 귀부는 매우 특별하였으며, 비신은 다시 장만한 듯하다.
• 산소는 고려조의 묘지 양식을 잘 갖추고 있으며, 옛 비석은 세 조각이 나서 보호석을 세웠고, 글씨는 판독이 어려웠다. 망주석과 문인석, 상석이 잘 정비되었다.
• 망송재(望松齋)는 송경(松京)을 그리워한다는 마음을 나타내는 뜻이다.

망송재(望松齋)

일흔둘. 도연서원(道淵書院)

모든 것 다 버리고
할 말만 움켜 쥐니

울 밑에 노란 망울
어깨 겯는 푸른 솔터

비릿한 바다 내음에
실려오는 벗님아

1. 허기(許麒)
• 태어나고 돌아가신 때를 잘 알지 못한다. 고려말의 충신이요, 유교학자였으며, 왕의 잘못을 고치려고 충간(忠諫)을 꺼려하지 않은 용기있는 인물이다.
• 호는 호은(湖隱)이며, 본관은 김해(金海)이고, 정절공(貞節公)의 시호를 받았다.
• 고려 공민왕 10년(1361)에 홍건적의 난이 일어나자, 목은(牧隱) 이색(李穡), 양파(陽坡) 홍언박(洪彦博), 청구(青丘) 조계방(曺繼芳), 석탄(石灘) 이존오(李存吾), 행촌(杏村) 이암(李嵓) 등과 함께 힘을 합하여 적을 평정하였다. 적을 평정한 후에 공북루(拱北樓)에서 임금의 명령에 화답한 시가 전한다.

    관풍지언초(觀風知偃草)   우국계포상(憂國誡苞桑)
    회유하청일(會有河清日)   군신공일당(君臣共一堂)

• 어깨 겯다 : 서로의 어깨를 어긋매끼도록 짜거나 걸치다.
• 참고자료 : 한가락 시조집 10권(2000년). 여말충의열전(麗末忠義列傳. 1994).

- 홍건적을 평정한 공로로 원종공신(原從功臣)에 올리고 익위장군 보승중랑장(翊威將軍保勝中郎將)에 임명되었다.
- 석탄(石灘) 이존오(李存吾)가 죄를 지어 그를 구하려고 충간을 하다가 마침내 고향인 고성(固城)으로 귀양을 가게 되었다. 그리고 그 곳에서 임신변혁을 당하자 신조정의 초빙을 거절하고, 금오산에 은거하던 야은(治隱) 길재(吉再)와 더불어 서로 교우하면서 지냈다.

2. 도연서원(道淵書院)

- 도연서원(道淵書院)은 경상남도 고성군 마암면 도전리에 있으며, 허기(許麒)의 정신을 추모하는 곳이다. 1975년에 중건되었다.
- 솟을대문(三門)에 일원문(一源門)이라는 현판이 걸려있고, 안쪽으로 들어가서 왼쪽에 명성실(明誠室), 오른쪽에 돈화실(敦和室)이 있고, 뜰에는 구상나무 등으로 꾸몄으며, 허기(許麒)의 시구가 주련으로 결려있다.
- 지붕의 형태는 맞배지붕, 우진각지붕, 팔작지붕, 모임지붕으로 구분한다.
- 바로 뒤에 추원사(追源祠)가 있는데, 전면 3칸, 측면 칸반의 사당으로 할아버지 허유전(許有全), 아버지 허영(許榮), 허기(許麒), 아들의 네 위패를 모셨다.
- 허기(許麒)가 처음 낙향한 곳은 덕성리인데, 덕성리는 와우(臥牛) 형국으로 언젠가는 물에 잠기리라하여 지금의 장산리에 옮겨와 살았다고 한다. 덕성리는 지금 물에 잠겼다.

도연서원(道淵書院)

[찾아보기]

•이름 가나다순

공은(孔隱) – 여일재(麗日齋), 전라남도 여수시 낙포동 – 고산(孤山)
국유(鞠褕) – 반곡서원(泮谷書院), 전라북도 완주군 비봉면 수선리 – 복애(伏崖)
권문해(權文海) – 초간정(草澗亭), 경상북도 예천군 용문면 죽림리 – 초간(草澗)
김경희(金景熹) – 취석정(醉石亭), 전라북도 고창군 고창읍 화산리 – 노계(蘆溪)
김광수(金光粹) – 영귀정(詠歸亭), 경상북도 의성군 점곡면 사촌리 – 송은(松隱)
김기(金起) – 하송재(下松齋), 경상북도 구미시 선산읍 포상리 – 목사공(牧使公)
김수(金綏) – 서운재(書雲齋), 경기도 의왕시 포일동 – 서운관정(書雲觀正)
김윤남(金允南) – 모선재(慕先齋), 경기도 파주시 월롱면 능산리 – 감무공(監務公)
김저(金佇) – 남하정(南下亭), 경상북도 예천군 보문면 미호리 – 율은(栗隱)
김충주(金忠柱) – 고송정(枯松亭), 경기도 안산시 화정동 – 탄옹(炭翁)
김칠양(金七陽) – 영모재(永慕齋), 전라남도 강진군 작천면 토마리(土馬里) – 강은(康隱)
남을진(南乙珍) – 충모재(忠慕齋), 경기도 양주시 은현면 봉암리 – 병재(丙齋)
남지언(南知言) – 세심정(洗心亭), 충청북도 영동군 상촌면 임산리 – 삼괴당(三槐堂)
노준공(盧俊恭) – 일신재(日新齋), 광주광역시 북구 일곡동 – 심계(心溪)
박가흥(朴可興) – 도산재(陶山齋), 경기도 남양주시 와부읍 도곡리 – 정후(靖厚)
박추(朴諏) – 용강서사(龍岡書祠), 경상남도 양산시 웅상읍 용당리(龍塘里) – 사은(沙隱)
백장(白莊) – 숭의재(崇義齋), 전라북도 장수군 계내면 금덕리 – 정신재(靜愼齋)
석여명(石汝明) – 화원재(花園齋), 충청북도 충주시 신니면 문락리 – 화원(花園)
설풍(薛馬) – 송헌묘(松軒墓), 경기도 용인시 원삼면 고당리 – 송헌(松軒)
성인보(成仁輔) – 맥산재(麥山齋), 경상남도 창녕군 대지면 모산리(牟山里) – 중윤(中尹)
송진유(宋眞儒) – 수선루(睡仙樓), 전라북도 진안군 마령면 강정리 – 백진(伯珍)
신덕린(申德隣) – 육현사(六賢祠), 충청북도 청원군 안성면 관정리 – 불고(不孤)
신득청(申得靑) – 봉정재(鳳停齋), 경상북도 영덕군 창수면 미곡리 – 이유헌(理猷軒)
신말주(申末舟) – 귀래정(歸來亭), 전라북도 순창군 순창읍 가남리 – 귀래(歸來)
신의련(愼義連) – 영모정(永慕亭), 전라북도 진안군 백운면 노촌리 – 미계(美溪)
심장세(沈長世) – 와선정(臥仙亭), 경상북도 봉화군 춘양면 학산리 – 각금(覺今)
양우(梁祐) – 향보재(享保齋), 전라북도 남원시 송동면 송상리 – 묵재(默齋)
염치중(廉致中) – 충경서원(忠敬書院), 전라남도 나주시 삼영동(三榮洞) – 송은(松隱)
오상덕(吳尙德) – 금남재(錦南齋), 전라북도 남원시 노암동 – 두암(杜菴)
원선(元宣) – 모선재(慕先齋), 경기도 의정부시 낙양동 – 양촌(陽村)

유방택(柳方澤) - 송곡사(松谷祠), 충청남도 서산시 인지면 예정리 - 금헌(琴軒)
유천(兪蕆) - 무안재(務安齋), 경기도 양주시 회천읍 옥정리 - 송은(松隱)
유한정(柳漢禎) - 삼영정(三詠亭), 경상북도 군위군 효령면 오천리 - 오원(烏園)
유혜손(柳惠孫) - 명인각(明禋閣), 경기도 고양시 덕양구 행신동 - 파은(坡隱)
윤관(尹瓘) - 분수재(汾水齋), 경기도 파주시 광탄면 분수리 - 문숙공(文肅公)
윤사석(尹師晳) - 만경정(萬景亭), 충청북도 청원군 미원면 옥화리 - 만돈암(晩遯菴)
윤황(尹篁) - 충간묘(忠簡墓), 충청남도 당진읍 시곡리 - 충간(忠簡)
은신윤(殷莘尹) - 숭모재(崇慕齋), 경기도 용인시 이동면 서리 - 직제학(直提學)
이만부(李萬敷) - 천운당(天雲堂), 경상북도 상주시 상주읍 외답리 - 식산(息山)
이명성(李明誠) - 명탄서원(鳴灘書院), 충청남도 공주시 장기면 월송동 - 송은(松隱)
이석지(李釋之) - 남곡재(南谷齋), 경기도 용인시 양지면 주북리 - 남곡(南谷)
이숭인(李崇仁) - 도은재(陶隱齋), 경상북도 성주군 수륜면 신파리(新坡里) - 도은(陶隱)
이양중(李養中) - 고덕재(高德齋), 경기도 광주시 초월면 신월리 - 석탄(石灘)
이영길(李英吉) - 동고정(東皐亭), 충청북도 청원군 오창면 가곡리 - 역옹(櫟翁)
이의석(李義碩) - 충효재(忠孝齋), 충청북도 청원군 오창면 양지리 - 판관공(判官公)
이조년(李兆年) - 매국정(梅菊亭), 경상북도 고령군 운수면 대평리 - 매운(梅雲)
이존인(李仔仁) - 숭의재(崇義齋), 경상북도 김천시 부항면 지좌리(智佐里) - 두은(杜隱)
이중인(李中仁) - 구성재(駒城齋), 경기도 용인시 기흥면 영덕리 - 진초(秦楚)
이행(李行) - 월송정(越松亭), 경상북도 울진군 평해읍 월송리 - 기우자(騎牛子)
임선미(林先味) - 송월사(松月祠), 전라남도 화순군 화순읍 일심리 - 두문재(杜門齋)
임향(任向) - 정승묘(政丞墓), 충청남도 보령시 웅천읍 평리 - 정승(政丞)
장보지(張輔之) - 숭의재(崇義齋), 경상북도 의성군 의성면 도동리 - 일은(一隱)
장안세(張安世) - 옥계서원(玉溪書院), 경상북도 구미시 인의동(仁義洞) - 송은(松隱)
장학(張泉) - 여차정(如此亭), 경상북도 구미시 임수동 - 남파(南坡)
전문식(全文軾) - 강창각(江昌閣), 전라북도 진안군 마령면 강정리 - 도은(都隱)
전시서(全時敍) - 거연정(居然亭), 경상남도 함양군 서하면 봉전리 - 화림재(花林齋)
전춘원(全春原) - 심원정(心源亭), 경상남도 거창군 남하면 무릉리 - 심원(心源)
정광(程廣) - 영모재(永慕齋), 광주광역시 서구 진월동 - 건천(巾川)
정지영(鄭芝榮) - 심원정(尋源亭), 경상남도 함양군 안의면 하원리 - 돈암(遯菴)
정천익(鄭天益) - 청계서원(淸溪書院), 경상남도 진주시 본성동 - 퇴헌(退軒)
정희(鄭熙) - 화담사(花潭祠), 광주광역시 서구 화정동 - 묵은(默隱)
조견(趙狷) - 송산묘(松山墓), 경기도 성남시 여수동(돌마면) - 송산(松山)

조신(趙紳) - 피세정(避世亭), 충청북도 괴산군 문광면 광덕리 - 문정(文貞)
조영(趙瑛) - 미남재(嵋南齋), 전라북도 순창군 풍산면 유정리 - 악재(樂齋)
지용기(池湧奇) - 영모재(永慕齋), 충청남도 아산시 인주면 금성리 - 의재(毅齋)
채귀하(蔡貴河) - 무우정(舞雩亭), 경상북도 상주시 사벌면 삼덕리 - 다의당(多義堂)
최안택(崔安澤) - 문헌서원(文憲書院), 경기도 오산시 내삼미동 - 영랑장(領郞將)
한철충(韓哲冲) - 망송재(望松齋), 경상남도 합천군 용주면 용지리(龍旨里) - 몽계(夢溪)
허기(許愭) - 도연서원(道淵書院), 경상남도 고성군 마암면 도전리 - 호은(湖隱)
허유전(許有全) - 두산재(斗山齋), 인천광역시 강화군 불은면 두운리 - 충목(忠穆)
홍노(洪魯) - 척서정(陟西亭), 경상북도 군위군 부계면 남산동 - 경재(敬齋)
황기노(黃耆老) - 매학정(梅鶴亭), 경상북도 선산군 고아면 예강리 - 고산(孤山)

• 재실 가나다순

강창각(江昌閣) - 전문식(全文軾), 전라북도 진안군 마령면 강정리 - 도은(都隱)
거연정(居然亭) - 전시서(全時敍), 경상남도 함양군 서하면 봉전리 - 화림재(花林齋)
고덕재(高德齋) - 이양중(李養中), 경기도 광주시 초월면 신월리 - 석탄(石灘)
고송정(枯松亭) - 김충주(金忠柱), 경기도 안산시 화정동 - 탄옹(炭翁)
구성재(駒城齋) - 이중인(李中仁), 경기도 용인시 기흥읍 영덕리 - 진초(秦楚)
귀래정(歸來亭) - 신말주(申末舟), 전라북도 순창군 순창읍 가남리 - 귀래(歸來)
금남재(錦南齋) - 오상덕(吳尙德), 전라북도 남원시 노암동 - 두암(杜菴)
남곡재(南谷齋) - 이석지(李釋之), 경기도 용인시 양지면 주북리 - 남곡(南谷)
남하정(南下亭) - 김저(金佇), 경상북도 예천군 보문면 미호리 - 율은(栗隱)
도산재(陶山齋) - 박가흥(朴可興), 경기도 남양주시 와부읍 도곡리 - 정후(靖厚)
도연서원(道淵書院) - 허기(許愭), 경상남도 고성군 마암면 도전리 - 호은(湖隱)
도은재(陶隱齋) - 이숭인(李崇仁), 경상북도 성주군 수륜면 신파리(新坡里) - 도은(陶隱)
동고정(東皐亭) - 이영길(李英吉), 충청북도 청원군 오창면 가곡리 - 역옹(櫟翁)
두산재(斗山齋) - 허유전(許有全), 인천광역시 강화군 불은면 두운리 - 충목(忠穆)
만경정(萬景亭) - 윤사석(尹師晳), 충청북도 청원군 미원면 옥화리 - 만돈암(晩遯菴)
망송재(望松齋) - 한철충(韓哲冲), 경상남도 합천군 용주면 용지리(龍旨里) - 몽계(夢溪)
매국정(梅菊亭) - 이조년(李兆年), 경상북도 고령군 운수면 대평리 - 매운(梅雲)
매학정(梅鶴亭) - 황기노(黃耆老), 경상북도 선산군 고아면 예강리 - 고산(孤山)
맥산재(麥山齋) - 성인보(成仁輔), 경상남도 창녕군 대지면 모산리(牟山里) - 중윤(中尹)

명인각(明禋閣) - 유혜손(柳惠孫), 경기도 고양시 덕양구 행신동 - 파은(坡隱)
명탄서원(鳴灘書院) - 이명성(李明誠), 충청남도 공주시 장기면 월송동 - 송은(松隱)
모선재(慕先齋) - 김윤남(金允南), 경기도 파주시 월롱면 능산리 - 감무공(監務公)
모선재(慕先齋) - 원선(元宣), 경기도 의정부시 낙양동 - 양촌(陽村)
무안재(務安齋) - 유천(兪蕆), 경기도 양주시 회천읍 옥정리 - 송은(松隱)
무우정(舞雩亭) - 채귀하(蔡貴河), 경상북도 상주시 사벌면 삼덕리 - 다의당(多義堂)
문헌서원(文憲書院) - 최안택(崔安澤), 경기도 오산시 내삼미동 - 영랑장(領郞將)
미남재(帽南齋) - 조영(趙瑛), 전라북도 순창군 풍산면 유정리 - 악재(樂齋)
반곡서원(泮谷書院) - 국유(鞠襦), 전라북도 완주군 비봉면 수리리 - 복애(伏崖)
봉정재(鳳停齋) - 신득청(申得靑), 경상북도 영덕군 창수면 미곡리 - 이유헌(理猷軒)
분수재(汾水齋) - 윤관(尹瓘), 경기도 파주시 광탄면 분수리 - 문숙공(文肅公)
삼영정(三詠亭) - 유한정(柳漢禎), 경상북도 군위군 효령면 오천리 - 오원(烏園)
서운재(書雲齋) - 김수(金綏), 경기도 의왕시 포일동 - 서운관정(書雲觀正)
세심정(洗心亭) - 남지언(南知言), 충청북도 영동군 상촌면 임산리 - 삼괴당(三槐堂)
송곡사(松谷祠) - 유방택(柳方澤), 충청남도 서산시 인지면 예정리 - 금헌(琴軒)
송산묘(松山墓) - 조견(趙狷), 경기도 성남시 여수동(돌마면) - 송산(松山)
송월사(松月祠) - 임선미(林先味), 전라남도 화순군 화순읍 일심리 - 두문재(杜門齋)
송헌묘(松軒墓) - 설풍(薛馬), 경기도 용인시 원삼면 고당리 - 송헌(松軒)
수선루(睡仙樓) - 송진유(宋眞儒), 전라북도 진안군 마령면 강정리 - 백진(伯珍)
숭모재(崇慕齋) - 은신윤(殷莘尹), 경기도 용인시 이동면 서리 - 직제학(直提學)
숭의재(崇義齋) - 백장(白莊), 전라북도 장수군 계내면 금덕리 - 정신재(靜愼齋)
숭의재(崇義齋) - 이존인(李存仁), 경상북도 김천시 부항면 지좌리(智佐里) - 두은(杜隱)
숭의재(崇義齋) - 장보지(張輔之), 경상북도 의성군 의성면 도동리 - 일은(一隱)
심원정(心源亭) - 전춘원(全春原), 경상남도 거창군 남하면 무릉리 - 심원(心源)
심원정(蕁源亭) - 정지영(鄭芝榮), 경상남도 함양군 안의면 하원리 - 돈암(豚菴)
여일재(麗日齋) - 공은(孔隱), 전라남도 여수시 낙포동 - 고산(孤山)
여차정(如此亭) - 장학(張泉), 경상북도 구미시 임수동 - 남파(南坡)
영귀정(詠歸亭) - 김광수(金光粹), 경상북도 의성군 점곡면 사촌리 - 송은(松隱)
영모재(永慕齋) - 김칠양(金七陽), 전라남도 강진군 작천면 토마리(土馬里) - 강은(康隱)
영모재(永慕齋) - 정광(程廣), 광주광역시 서구 진월동 - 건천(巾川)
영모재(永慕齋) - 지용기(池湧奇), 충청남도 아산시 인주면 금성리 - 의재(毅齋)
영모정(永慕亭) - 신의련(愼義連), 전라북도 진안군 백운면 노촌리 - 미계(美溪)

옥계서원(玉溪書院) - 장안세(張安世), 경상북도 구미시 인의동(仁義洞) - 송은(松隱)
와선정(臥仙亭) - 심장세(沈長世), 경상북도 봉화군 춘양면 학산리 - 각금(覺今)
용강서사(龍崗書祠) - 박추(朴諏), 경상남도 양산시 웅상읍 용당리(龍塘里) - 사은(沙隱)
월송정(越松亭) - 이행(李行), 경상북도 울진군 평해읍 월송리 - 기우자(騎牛子)
육현사(六賢祠) - 신덕린(申德鄰), 충청북도 청원군 안성면 관정리 - 불고(不孤)
일신재(日新齋) - 노준공(盧俊恭), 광주광역시 북구 일곡동 - 심계(心溪)
정승묘(政丞墓) - 임향(任向), 충청남도 보령시 웅천읍 평리 - 정승(政丞)
척서정(陟西亭) - 홍노(洪魯), 경상북도 군위군 부계면 남산동 - 경재(敬齋)
천운당(天雲堂) - 이만부(李萬敷), 경상북도 상주시 상주읍 외답리 - 식산(息山)
청계서원(淸溪書院) - 정천익(鄭天益), 경상남도 진주시 본성동 - 퇴헌(退軒)
초간정(草澗亭) - 권문해(權文海), 경상북도 예천군 용문면 죽림리 - 초간(草澗)
충간묘(忠簡墓) - 윤황(尹煌), 충청남도 당진읍 시곡리 - 충간(忠簡)
충경서원(忠敬書院) - 염치중(廉致中), 전라남도 나주시 삼영동(三榮洞) - 송은(松隱)
충모재(忠慕齋) - 남을진(南乙珍), 경기도 양주시 은현면 봉암리 - 병재(丙齋)
충효재(忠孝齋) - 이의석(李義碩), 충청북도 청원군 오창면 양지리 - 판관공(判官公)
취석정(醉石亭) - 김경희(金景熹), 전라북도 고창군 고창읍 화산리 - 노계(蘆溪)
피세정(避世亭) - 조신(趙紳), 충청북도 괴산군 문광면 광덕리 - 문정(文貞)
하송재(下松齋) - 김기(金起), 경상북도 구미시 선산읍 포상리 - 목사공(牧使公)
향보재(享保齋) - 양우(梁祐), 전라북도 남원시 송동면 송상리 - 묵재(默齋)
화담사(花潭祠) - 정희(鄭熙), 광주광역시 서구 화정동 - 묵은(默隱)
화원재(花園齋) - 석여명(石汝明), 충청북도 충주시 신니면 문락리 - 화원(花園)

지은이 벽고(碧皐) 장대열(張大烈)

1947년생(丁亥年) 전북 김제
서울 대광고등학교 졸업
대전 한남대학교 졸업
한가락 시조모임 회원(1989년부터~)
1999년 <창조문학> 시조부문 신인작가상 수상
1999년 <시조문학> 신인작가상 수상
2008년 한국시조시인협회 회원
2001년 ≪끝까지 지키련다≫ 한시집(漢詩集) 공역
2007년 벽고 시조집 ≪두문동 문을 열다≫ 발간

    E-mail : sijosijo@hanmail.net
    017-247-7743   031-978-7750(자택)

벽고 시조집

두문동 칠십이인보(杜門洞 七十二人譜)

2008년 4월 22일 초판인쇄
2008년 4월 29일 초판발행

지은이 | 장 대 열
펴낸이 | 김 영 환
펴낸곳 | 도서출판 다운샘

138-857 서울특별시 송파구 오금동 48-8
전화 (02) 449-9172 팩스 (02) 431-4151
등록 제17-111호(1993.8.26)

ISBN 978-89-5817-210-9 03810

값 9,000원